# 浙江省开发区建设理论与实践探索

江 玮 孙彩虹 著

中国商务出版社
CHINA COMMERCE AND TRADE PRESS

图书在版编目（CIP）数据

浙江省开发区建设理论与实践探索 / 江玮, 孙彩虹
著 . — 北京：中国商务出版社，2022.6（2023.5重印）

ISBN 978-7-5103-4289-9

Ⅰ .①浙… Ⅱ .①江… ②孙… Ⅲ .①开发区建设—
研究—浙江 Ⅳ .① F127.55

中国版本图书馆 CIP 数据核字 (2022) 第 095790 号

## 浙江省开发区建设理论与实践探索

ZHEJIANGSHENG KAIFAQU JIANSHE LILUN YU SHIJIAN TANSUO

**江 玮 孙彩虹 著**

出　　版：中国商务出版社
地　　址：北京市东城区安外东后巷 28 号　　邮　编：100710
责任部门：商务事业部（010-64269744）
责任编辑：张高平
直销客服：010-64269744
总 发 行：中国商务出版社发行部（010-64208388　64515150）
网购零售：中国商务出版社淘宝店（010-64286917）
网　　址：http://www.cctpress.com
网　　店：https://shop162373850.taobao.com
邮　　箱：bjys@cctpress.com
排　　版：廊坊市展博印刷设有限公司
印　　刷：河北赛文印刷有限公司
开　　本：700 毫米 × 1000 毫米 1/16
印　　张：14　　　　　　　　　　　字　数：217 千字
版　　次：2022 年 6 月第 1 版　　　　印　次：2023 年 5 月第 2 次印刷
书　　号：ISBN 978-7-5103-4289-9
定　　价：68.00 元

# 序

　　加快构建新发展格局，是以习近平同志为核心的党中央根据我国新发展阶段、新历史任务、新环境条件作出的重大战略决策。加快构建新发展格局，需要实施更大范围、更宽领域、更深层次的对外开放，依托我国大市场优势，促进国际合作，推动形成全方位、多层次、多元化的开放合作格局；需要通过发挥内需潜力，更好联通国内市场和国际市场，促进中国经济与世界经济共同发展，实现合作共赢。

　　开发区作为浙江经济发展的强大引擎、对外开放的重要平台和改革创新的排头兵，近年来，以约占浙江全省7%的土地面积，贡献了约40%的税收收入、50%的进出口额、60%的实际外资和70%的规上工业增加值，为全省开放型经济高质量发展作出了重要贡献。随着中国经济进入高质量发展阶段，开发区同时被赋予了新的使命和内涵。自2008年以来，浙江对省内各类开发区（园区）进行了三轮整合提升。2020年5月，全省开发区（园区）改革提升推进会召开，全省开发区（园区）从1059个整合为134个，发展活力持续迸发。在历年的"全国大考"中，浙江省开发区始终保持优等生成绩。2021年国家级经济技术开发区综合发展水平考核中，浙江1家开发区保持全国十强地位，4家挺进全国综合排名前三十强。

　　浙江省开发区始终坚持创新发展，取得了许多制度创新和实践创新成果，推出了如产业链"链长制""双链长制"、美丽园区试点等一系列具有浙江辨识度的开发区建设举措，为全国开发区创新发展贡献了不少先驱性探索样板和丰富的实践案例。

　　2019年首创产业链"链长制"。浙江在全国率先研究从省级层面推行产业链"链长制"的可行性和"九个一"工作机制，推出全国第一份省级"链长制"文件《浙江省商务厅关于开展产业链"链长制"试点 进一步推进开发区创新提升工作的意见》，为浙江应对中美经贸摩擦巩固产业链和疫情防控期间全产业链复工复产作出重要贡献，不仅被《人民日报》头版头条报道，还先后被写入国家文件和广东、山东等省政府工作报告，在全国 20 多个省（市、自治区）复制推广。目前，浙江省已实现浙江开发区产业链"链长制"试点全覆盖。

推动产业链"双链长制"创新发展。2021 年，中共中央、国务院赋予浙江先行探索高质量发展建设共同富裕示范区的重大使命。浙江勇扛使命担当，持续深化"链长制"长效机制，在全国率先开展"双链长制"的理论研究，先后推动丽水－宁波石化开发区等第一批 6 对产业链"双链长制"试点，推动"双链长制"成为浙江省商务厅共同富裕示范区建设的重要工作之一。

积极建设美丽园区。2019 年，浙江召开美丽园区现场建设推进会，深入贯彻落实国发〔2019〕11 号文件精神，整改旧产区，盘活新资源，建设合作新平台，扩大国际合作版图。从园区转型发展出发，探索开发区推进绿色发展的路径和方法，推动开发区转变经济增长方式。

浙江省商务研究院副院长江玮和国际投资研究中心孙彩虹从事开发区研究工作，具有较为扎实的理论功底。他们善于探究其中的规律，在理论与实践的互动统一中推进理论创新，将开发区实践经验上升为理论认识，凝练形成《浙江省开发区建设理论与实践探索》一书，深入展现了改革开放以来浙江省开发区发展背后的历史逻辑、理论逻辑和实践逻辑，并对新发展阶段如何创新发展作了大胆的探索与思考，具有重要的学术价值和现实意义。

本书以浙江省开发区丰富的发展实践为素材，包括：绪论、开发区理论综述与开发区体制演变及其主要影响因素、浙江省开发区的基本情况、浙江省开发区建设的主要举措、浙江省开发区建设的地方实践、浙江省开发区创新提升方向六大部分，在系统梳理的基础上，全面总结提炼浙江开发区的发展特色与成果，并对下一步开发区发展提出思考与展望。全书根植于浙江省开发区工作多年的实践经验，有着深刻的时代印记和本土特色，是浙江多年开放发展的缩影。希望本书对开发区理论研究与实践工作有所裨益。

陈芳芳

浙江省商务研究院院长

# Contents

# 第一章

## 绪论

# 第一节　研究开发区建设的目的及意义

开发区作为开放型经济的主战场和重要载体，对开放型经济的高质量发展给予了重要的支撑。在揭示《浙江省开发区建设理论与实践探索》一书的神秘面纱之前，我们或许最好先来了解一下开放型经济。

## 一、开放型经济

开放型经济是与封闭型经济相对立的概念，是一种经济体制模式。从封闭到开放型经济发展过程既是我国改革开放不断深化的过程，也是市场化进程的推进过程。在开放型经济中，要素、商品与服务可以较自由地跨国界流动，从而实现最优资源配置和最高经济效率。开放型经济强调把国内经济和整个国际市场联系起来，尽可能充分地参加国际分工，同时在国际分工中发挥出本国经济的比较优势。一般而言，一国经济发展水平越高，市场化程度越高，越接近于开放型经济。2015 年 5 月，中共中央发布了《中共中央、国务院关于构建开放型经济新体制的若干意见》。《意见》从构建开放型经济新体制的总体要求，创新外商投资管理体制，建立促进"走出去"战略的新体制，构建外贸可持续发展新机制，优化对外开放区域布局，加快实施"一带一路"倡议，拓展国际经济合作新空间，构建开放安全的金融体系，建设稳定、公平、透明、可预期的营商环境，加强支持保障机制建设，建立健全开放型经济安全保障体系等方面，提出了新时期建设开放型经济强国的战略目标和重大举措，为构建我国开放型经济发展的新体制做出了顶层设计。

对外开放是我国的基本国策，建设更高水平开放型经济新体制是对外开放的重大举措。我国也在建设高水平开放型经济新体制的路上不断探索，通过深化体制机制改革、推进新时期国际经贸规则体系的构建，将自由贸易试验区、经济开发区、海关特殊监管区、境外经贸合作区等打造成为新时代改革开放重要的前沿阵地和新高地，逐步完善创新驱动发展模式匹配的体制机制和营商环境等，以全面的制度型开放大力推动我国开放型经济高质量发展。

在中国，开放型经济的发展自改革开放以后逐渐开始。改革开放的基本国策，释放了体制机制活力，有力地推动商品和要素跨国流动，促进开放型经济高速发展。

1979 年，党的十一届三中全会确定了中国开始推行经济体制改革和对外开放的总方针。从那时起，中国经济开始引入市场调节，正式提出计划经济与市场调节相结合，开始吸引外资，打破对外贸易的垄断经营，并逐渐在企业、价格、财政、税收、金融、国内贸易、对外贸易等各个方面进行改革，经历了一个在意识形态上逐步扬弃计划经济，在经济实践上深入改革、扩大开放的过程。

1980 年，中共中央批准建立深圳、汕头、珠海、厦门 4 个经济特区。中国政府对特区实行特殊的经济政策和不同于其他地区的经济管理政策。对特区授予相当于省级的经济管理权限并给予一定的立法权。同时对到特区投资的外商提供较多的优惠待遇，企业所得税减 15% 征收。

1984 年，党的十二届三中全会明确了中国经济的目标模式应该是商品经济，即以市场和价值规律为基础的经济，而不再是以实物计划生产和分配为基础的产品经济。开放沿海的天津、上海、大连、秦皇岛、烟台、青岛、连云港、南通、宁波、温州、福州、广州、湛江、北海 14 个港口的工业城市。对这些城市在对外经济贸易活动的自主权、外商投资企业的优惠待遇、老企业改造等方面给予了政策倾斜。同时批准 12 个有条件的沿海开放城市举办经济技术开发区。

1987 年，党的十三大进一步明确了国家、市场、企业三者之间的相互关系。

1992 年，党的十四大提出了更为明确的指导理论，即充分肯定了市场在优化资源配置中的积极作用，把我国经济体制改革的目标，正式定义为建立社会主义市场经济，而不再是计划经济与市场经济相结合。

1993年，党的十四届三中全会全面提出了建设社会主义市场经济的框架设计，是落实十四大改革目标的行动纲领。其中明确提出了建设开放型经济的目标与任务。

2000年，党的十五届五中全会明确"走出去"战略。该战略不仅发挥了"走出去"与"引进来"双向作用，而且拓展了中国对外开放的宽度和深度，实现了从局部开放到全方位开放的过渡。

2001年，中国加入世界贸易组织，标志着中国对外开放进入新阶段。入世后，中国积极践行自由贸易理念，全面履行入世承诺，大幅开放市场。在宽松的自由贸易框架和履行相应的承诺背景下，外贸企业抓住了进入全球市场的战略机遇，价格优势与制度和传统资源优势叠加，形成我国商品与生产要素的国际竞争优势。近年来，中国担当多边合作领头羊，高举自由贸易旗帜，在二十国集团、亚太经合组织、金砖国家等机制中提出更多中国倡议、中国主张、中国方案。坚定维护多边贸易体制，反对贸易保护主义，不断推动构建更加开放的世界经济格局。

2007年，党的十七大提出要完善"内外联动、互利共赢、安全高效"的开放型经济体系。这充分表明，我国对外开放的主要目标发生了转变，不再是仅仅将"引进来"和"走出去"相结合，而转变为在此基础上完善开放型经济体系，提高开放经济水平，从而形成参与国际竞争的新优势。

2013年，习近平总书记首次提出了建设"丝绸之路经济带"。在党的十八届三中全会上，"一带一路"建设获得全会通过，全会对"一带一路"赋予了重要的战略意义，把它确立为加快实施自由贸易区战略、深化区域金融合作、构建区域经济一体化新格局、加快延边地区开放的重要抓手。

2019年，习近平总书记指出，中国将同更多国家商签高标准自由贸易协定，加强海关、税收、审计监管等领域合作，继续实施共建"一带一路"科技创新行动计划。为构建全球互联互通的伙伴关系，实现共同发展繁荣谋篇布局，经过八年的不断发展，共建"一带一路"既为世界各国的发展提供新机遇，也为中国开放发展开辟了新空间。

2020年，党的十九届五中全会将建设更高水平开放型经济新体制纳入"十四五"时期经济社会发展的主要目标，提出全面提高对外开放水平、推动共建"一带一路"高质量发展、积极参与全球治理体系改革和建设等要求。

2021年，习近平主席在第四届中国国际进口博览会开幕式提出，"共建开放型世界经济，让开放的春风温暖世界"以及"孤举者难起，众行者易趋"。新冠肺炎疫情的阴霾未散，世界经济复苏前路坎坷，各国人民更需要同舟共济、共克时艰。伴随着现代信息技术在全球范围内的深度应用和数字经济的快速发展，以互联网为基础的数字贸易蓬勃兴起，带动了全球产业链、创新链和价值链的加速优化整合。数字贸易成为推动全球贸易向数字服务化方向发展的重要引擎，为构建高水平开放型经济赋能。当下处于"十四五"时期，我国进入新发展阶段，开启全面建设现代化国家新征程。建设更高水平开放型经济新体制面临的机遇和挑战都发生了新的变化。从当前国内形势来看，我国开放型经济高质量发展已经具备了经济效率动能、结构转换动能、创新动能、制度动能和数字化新动能。但我国区域开放布局不均衡、产业开放不平衡等问题仍然存在，需要通过深层次的改革破除体制机制障碍，实现改革和开放互促共进。从国际形势来看，当今世界正在经历着百年未有之大变局，国际力量对比深刻调整，新一轮科技革命和产业变革深入发展，国际生产方式和分工格局面临重大变化，为我国企业参与重塑全球产业链、供应链、创新链提供契机。同时，受新冠肺炎疫情的影响，世界经济陷入低迷，经济全球化遭遇逆流，单边主义、保护主义抬头，投资贸易自由化便利化进程受阻，非传统安全和传统安全风险交织，建设开放型经济新体制面临诸多不稳定不确定因素。

以上渐变进程对我国开放型经济发展的实践和进程产生了深远的影响。

然而，在改革初期，我国对外开放的目标模式并不明确。最初的对外开放是针对传统计划经济下相对封闭的经济而言，经济如何对外开放，开放到何种程度并没有明确的目标模式予以界定。开放，在当时是把过去基本关闭的国门打开，一开始开得小一点，然后逐步开得更大一点。究竟开多大，开到什么程度，中央领导层并没有明确地说明。从另一个角度看，实际上对外开放是一个动态的过程，在任何起点上都可以讲对外开放，什么时候讲对外开放都不会错。但是，在经济实践中，随着社会主义市场经济体制的确立，就需要从经济学模式以及经济体制模式方面来明确和界定对外开放。现在看来，从宏观上讲，与社会主义市场经济体制相对应的对外开放的模式应该是开放型经济。开放型经济在经济学上是明确地与"封闭型经济"相对照的概念。它强调的不仅是对外开放所包含的经济体制发展的方向和过程，而是强调把国内经济和整个国际市场联系在一起，充分地参加国际分工，同时在国际分工中发挥出本国经济的竞争优势。

　　从微观上看，在社会主义市场经济体制中，开放型经济是允许厂商在国际市场中自负盈亏、自主经营、自由进入的体制。它不仅区别于传统的中央计划经济体制下的国营贸易制度，也区别于过分搞保护主义、使用关税和非关税壁垒、尽力把国内市场和国际市场隔绝或者是搞地方保护主义或行业保护主义，把国内各个地方市场或是各行业市场分割的经济体制。现在，虽然国际市场中也有许多不健全的环节，某些发达国家也实行一定的保护主义，开放型经济在某些方面也会有例外的做法，但就总体而言，开放型经济意味着在相当高的程度上参与国际市场和国际分工，并主张自由贸易制度。

　　值得一提的是，开放型经济的概念与外向型经济也有一定的区别。外向型经济以出口导向为主，开放型经济则以降低关税壁垒和提高资本自由流动程度为主。在开放型经济中，既出口也进口，基本不存在孰重孰轻的问题，关键在于发挥比较优势；既吸引外资，也对外投资，对资本流动限制较少。很多人理解经济是否属于外向型，取决于进出口贸易总额占 GNP 的比重。如果这一比重很高，就是比较"外向型"的经济。然而，大国和小国情况并不一样，小国的进出口贸易额甚至可能超过 GNP 的总值；而大国由于国内市场很大，即便是完全没有保护的开放型经济，进出口贸易总额占 GNP 的比重不一定很高。所以，开放型经济主要是强调国内经济和国际经济的充分衔接，而外向型经济则主要是强调进出口贸易。应该说，开放型经济比外向型经济的内涵更为丰富，外延更为宽广。比如，2020 年菲律宾国民经济的出口依存度为 17.6%，是美国（6.8%）的近 2.6 倍（见表 1-1），但显然不能说菲律宾的开放型经济比美国发达。

表 1-1 若干国家的进出口总额和外贸依存度（2020 年）

| 国别 | GDP（亿美元） | 出口（亿美元） | 进口（亿美元） | 总额（亿美元） | 外贸依存度（%） | 出口依存度（%） |
|---|---|---|---|---|---|---|
| 中国 | 147295 | 25900 | 20660 | 46560 | 31.6 | 17.6 |
| 美国 | 209348 | 14316 | 24075 | 38391 | 18.3 | 6.8 |
| 日本 | 50530 | 6414 | 6245 | 12659 | 25.1 | 12.7 |
| 德国 | 38061 | 13800 | 11708 | 25508 | 67.0 | 36.3 |
| 英国 | 27119 | 4033 | 6347 | 10380 | 38.3 | 14.9 |
| 法国 | 26015 | 4883 | 5824 | 10707 | 41.2 | 18.8 |
| 意大利 | 18864 | 4961 | 4229 | 9190 | 48.7 | 26.3 |
| 加拿大 | 16430 | 3907 | 4137 | 8044 | 49.0 | 23.8 |
| 澳大利亚 | 13620 | 2504 | 2084 | 4588 | 33.7 | 18.4 |
| 菲律宾 | 3622 | 638 | 907 | 1545 | 42.7 | 17.6 |
| 泰国 | 5018 | 2315 | 2070 | 4385 | 87.4 | 46.1 |

资料来源：国家统计局：《中国统计年鉴 2021》，中国统计出版社 2021 年版。

注：本表中的进出口贸易额和贸易总额均用商品贸易的数值来计算。

开放型经济是社会主义市场经济最生动、最活跃的组成部分，这是因为开放型经济能促进国内市场和国际市场资源的优化配置。

根据传统的社会主义计划经济学历来认为，市场经济是盲目的、无政府主义的，否认市场是一种有效的资源配置模式。但市场经济的古典经济学和新古典经济学则论证了市场是一种有效的资源配置模式，在产品市场、劳动力市场和资本市场这三大市场健全的条件下，能够形成资源最优配置的一般均衡状态。现代经济学并不否认市场还有某些失效的环节，不断有新的理论论述怎样用其他方式辅助资源优化配置，弥补市场失效。但是，市场对资源有效配置起基础性作用，是已被现代经济学和经济实践所肯定。

国际市场上形成的价格信号是优化资源配置的有效手段。发展开放型经济，实际上就是用事实说明中国在经济发展中遵循与国际上发达国家相

浙江省开发区建设

理论与实践探索

同的规则，营造了国际资本可以盈利、可以放心的投资环境，国内经济正与国际接轨，并正在国际化。而中国则尽可能充分地参与国际市场分工，实际上就是通过参与国际市场竞争，利用国际市场所提供的价格信号来决定我国的贸易结构，决定资本在产业间流动的方向和数量。这样的资源配置就是一种优化的配置。根据这种配置机制参与的国际分工也是一种优化的分工，这正是我国发展开放型经济的基本立足点。国际市场上价格信号及其他市场要素变动，对国内各种经济要素流动性的影响程度存在差别。如资本和技术的流动稍容易一些，劳动力的流动则相对较差。国际市场对国内经济资源配置的影响，主要通过商品进出口数量和结构的变化以及资本和劳动力的流动来实现，另外也还将通过其影响国内经济制度的改革即制度创新来实现。而这个影响过程，就是我国国内经济国际化的过程，这也就是开放型经济发展的过程。因此，可以说开放型经济发展的实质，应是国内经济的逐步国际化。这是经济全球化影响下各国经济发展的必然趋势，也是中国经济发展的必然趋势。

实际上，国际市场不可能完全健全和理想，它必然也存在一些价格偏差和有缺陷的环节。但是，从国际经济关系和国际市场的发展趋势以及经济理论和历史实践来看，通过国际自由贸易市场能够更好地配置资源这一点毋庸置疑。因此，建立社会主义市场经济体制，在对外开放方面就应确立国际上公认的较为先进的开放型经济，积极有效地发展开放型经济。这既反映了国内先进生产力的发展要求，也符合中国人民要摆脱封闭、贫穷、落后，走向富裕，跻身于世界上文明、富强的民族之林的根本利益。因此，对开放型经济的研究目的就是弄清其构成及发展过程中内部的矛盾性，用经济学和制度经济学的理论来研究对外开放及在国际接轨过程中和在中国国内经济国际化的动态过程中涌现出来的制度变迁、制度创新等一系列新情况、新问题，并寻求较好的解决方法，以指导中国开放型经济发展的实践。从广义上讲，这也是世界经济制度变迁史或是经济全球化过程中一种个案研究。因此，其在理论上对于丰富和发展国际经济学、制度经济学和政治经济学有重要意义，在实践上对我国改革开放和发展开放型经济，发展对外经贸，与国际接轨，具有重大实际意义。

## 二、研究开发区建设的目的

开发区建设既是我国改革开放的伟大创举，也是我国创新发展的成功实践，对促进体制改革、改善投资环境、引导产业集聚、畅通内外循环、发展开放型经济发挥了不可替代的作用。经济技术开发区是中国最早在沿海开放城市设立的以发展知识密集型和技术密集型工业为主的特定区域，后来在全国范围内设立，实行经济特区的某些较为特殊的优惠政策和措施。从发展模式看，增加区域经济总量是其直接目标，以外来投资拉动为主，产业以制造加工业为主。国家级经济技术开发区是中国对外开放地区的重要组成部分，它们大都位于各省、直辖市、自治区的省会等中心城市，在沿海开放城市和其他开放城市划定小块的区域，集中力量建设完善的基础设施，创建符合国际水准的投资环境，通过吸收利用外资，形成以高新技术产业为主的现代工业结构，成为所在城市及周围地区发展对外经济贸易的重点区域。

此外，对外开放是我国的基本国策，而开发区是对外开放的窗口，是经济体制改革的试验田，也是我国产业化、城市化和现代化发展路径的成功模式。建设更高水平开放型经济新体制是对外开放的重大举措。我国也在建设高水平开放型经济新体制的路上不断探索，通过深化体制机制改革、推进新时期国际经贸规则体系的构建，将自由贸易试验区、经济开发区、海关特殊监管区、境外经贸合作区等打造成为新时代改革开放重要的前沿阵地和新高地，逐步完善创新驱动发展模式匹配的体制机制和营商环境等，以全面的制度型开放大力推动我国开放型经济高质量发展。开发区已成为推动我国工业化、城镇化快速发展和对外开放的重要平台。三十年来，国家级开发区从最初的14家发展至今，共有国家级经济技术开发区230家。

中国目前之所以热衷于开发区建设研究，其目的主要有以下四个方面：

第一，开发区建设过程中大规模的基础设施投资对于推动地方经济快速发展和改善城市面貌具有重要作用。基础设施及配套服务功能是开发区全力打造的硬件建设，能够以更高的标准吸引区外企业入驻。大力发展开发区基础设施建设及公共服务领域，优化营商环境，形成产业化集聚效应，成为开发区发展的必然趋势。近年来，为了提升开发区的形象及竞争能力，吸引更多国内外优质企业落户开发区，各级政府不断加大发开发区建设的固定资产投资，持续增强开发区对社会经济发展的关键性支撑作用。

第二，以开发区为导向的生产型新城以其区位优势和土地、税收等政策优惠，能够吸引大量投资特别是外商投资的进入，在短期内形成新的经济增长点。很多学者认为生产要素是限制区域经济增长的关键因素，包括自然资源，劳动、资本等。开发区政策作用实施区域经济发展最直接是表现为其发展引流生产要素。其中政策优惠是区域经济发展引流生产要素的主要方式。开发区建设初期，国家给予土地出让、税收减免、投资补贴、外商投资让利等一揽子优惠政策，这些政策的扶持为开发区发展引入资金、技术、人才等发展所需生产要素，尤其吸引了大量外商直接投资流入。

第三，企业的进入不仅能为开发区带来稳定的税收收入，也带来了诸如土地增值、产业结构升级调整等溢出效应。开发区作为经济发展的主战场，从"聚集效应"和"选择效应"提升开发区内企业生产率，并且选择效应会起到延续性的作用。"集聚效应"层面，开发区的设立对企业规模的壮大有很好的促进作用，规模的扩大有利于形成规模经济，这在一定程度上能够强化企业融资能力。在企业资金充裕的情况下就会开展更新设备、技术等对提升生产率有促进作用的活动。与此同时，开发区通过吸引目标产业的进驻，形成产业聚集，通过互补生产，共享产品市场、吸引优质劳动力、促进知识和技术外溢，持续提升各产业生产效率。"选择效应"层面，国家对于开发区内企业实行的政策存在差异性，将资源转向高效率企业，使得高效率企业获得更大优势的同时，驱逐低效率企业退出市场。此外，开发区内优惠的财政和税收政策，能够有效降低开发区内企业成本，显著提升企业生产率，有助于进一步增强自身产业链地位以获取更多的市场份额。

第四，随着大城市中心地区环境污染、交通拥堵、生活质量下降等问题日益突出，开发区建设也成为大城市解决城市空间拓展和功能优化问题的重要途径。空间拓展集中体现在园区的极化效应：通过建设园区本身而促进城市的空间扩张。一种是通过吸引生产要素进入园区而促使园区本身建设面积的扩张。另一种是园区的空间扩张带动整个城市空间扩张。园区作为城市的重点发展区域，城市规划时对于建设用地的空间分配在园区内就有一定的倾向性，通常处于城市的边缘地区，具有一定的可拓展性。相比于其他方向上的城市边缘区，园区具有更活跃的经济活动，需要更大面积的发展空间，拥有更快的扩张速度，通过带动发展园区周边区域而促进城市空间扩张。此外，园区的极化效应使得园区具有更活跃的经济活动，其园区的功能拓展主要体现在园区的扩散效应：通过带动园区的周边区域发展而促进城市功能丰富。园区发展到一定程度逐渐形成城市或区域的增长极，其扩散效应逐渐显现。园区作为城市经济的主要载体，其发展主要侧重生产空间，而缺乏生活空间。园区周边区域由于其地理临近性，发展配套的居住区和购物商贸区等生活空间具有更大的市场和优势。随着园区的进一步发展，其作为增长极的作用进一步扩大，园区内经济活动的扩散通过带动整个城市的经济发展，推动城市化发展和郊区化扩散，在扩大城市空间的同时，也促进了城市产业空间重组，使城市空间结构更加优化，提高了城市整体生产效率，促使城市形成了更好的投资环境和就业环境，进一步打造生产、生活、生态等良性互动的产城融合发展模式。

## 三、研究开发区建设的意义

与开发区的蓬勃发展与生动实践相比，现阶段对开发区的理论研究相对不足，缺少一个系统全面的展现当代开发区全貌的视窗。笔者依托多年的开发区研究经验，从开发区的定义、理论、内涵入手，搭建开发区研究的通用知识框架，从国外开发区演变、全国开发区发展和浙江开发区实践特色三个层面依次剥丝抽茧，层层展示开发区实务的真实风貌，在此基础上对未来开发区发展路径提供一些探索思考，为开发区理论工作者和一线开发区实务工作者提供一些有益的思路借鉴。

我国开发区经历了近40年的发展，形成了具有中国特色的开发区发展模式。各省市不断建立新的开发区，形成了百舸争流、千帆竞发的新局面。与此同时，对开发区建设的理论研究掀起了新的热潮，其中包括对现有发展模式、空间布局、体制机制以及产业发展等各方面的经验总结，也有对目前存在问题的分析探讨，如部分开发区整体创新水平不高、开发不合理、产业趋同以及对周围地区产生的辐射效应差等，这些问题严重制约了开发区的发展。在我国经济进入高质量发展阶段的背景下，通过研究开发区发展现状，对优化开发区资源配置，补齐短板弱项，促进开发区健康发展具有重要的理论和实践意义。

### （一）理论意义

#### 1. 有力完善区位导向性产业理论分析体系

区位导向性产业政策的经济机制和效果研究已经成为国际经济学界的关注焦点，新城理论也是现代城市经济学的前沿课题。开发区作为一种典型的区位导向性产业政策，伴随着中国改革开放出现、壮大，是解释中国经济近40年来快速发展的重要视角，具有重要的理论研究价值。但目前社会各界对于这一领域的研究较为有限。因此，本书在相关理论研究的基础上，聚焦开发区，系统梳理国内外开发区发展历程和特点，结合产业集聚等相关理论，理清开发区建设、转型发展的内在逻辑。同时，从政府动机入手，分析城市政府在开发区选址以及发展过程中的作用，以及开发区影响城市发展并引导新城形成的经济规律，以期为完善、丰富区位导向性的产业政策研究体系做出贡献。

#### 2. 丰富政府引导城市发展的相关研究

开发区发展受到政府政策引导和市场力量驱动的共同作用。在美国等发达国家，由于地方政府力量相对薄弱，市场竞争机制成为推动城市增长和经济特区发展的关键，其中集聚经济效应和人力资本外溢被认为是这种区位导向性政策背后的主要经济学理论。在这一背景下，政府在城市发展相关研究中往往被作为次要因素而忽视。在中国，城市政府对于城市的建设和发展恰恰起到了关键的决定作用，基础设施投资、公共服务配套、税收政策以及土地要素的供应和定价都是城市政府进行城市资源分配和引导开发区发展的重要手段。因此，本书对于在中国政府干预下开发区发展机制的探讨将有助于理解政府直接干预资源空间配置会如何影响城市发展，丰富国际学术界关于城市增长机制的研究体系和实证证据。

开发区建设对现阶段国家的经济增长具有重要作用，在开发区的发展

第一章
绪论

过程中，遇到各种各样的问题是理所当然。通过回顾我国开发区近40年发展建设历程，总结成功经验和失败教训，规划一条适合目前开发区发展的新路径，是摆在政府面前的一个重大课题。然而，现有文献大多针对开发区的土地规划、招商服务等开发区运作经验的探讨，由于部分开发区建设和发展缺乏系统的理论指导，基本上处于盲目的模仿和一边发展，一边摸索的状态，随着我国经济进入高质量的发展阶段，结合现实发展情况对以往的发展模式进行总结，判断哪些方面需要做出改进，实现开发区较好较快发展。

## （二）实践意义

### 1. 为以开发区为代表的区位导向性产业政策的优化设计提供决策支持

中国以开发区为典型代表的区位导向性产业政策设计及效果，浓缩了"中国模式"的城市发展特点。在实践中开发区建设早已进入蓬勃发展阶段，但是相关理论研究仍显不足。虽然国外的经济特区案例为中国的开发区建设提供了一些经验，但是由于中外城市的城市化过程、政治经济体制以及自身发展条件等的差异，中国开发区发展不能完全照搬西方发达国家的经验。从现阶段大量开发区土地空置、产业集聚和经济增长缺乏后劲、空间规划不合理等现象来看，我国以开发区为导向的城市建设投资仍然存在一定的盲目性。因此，深刻把握中国开发区选址和实际效果的基本经济规律，特别是带动城市发展和新城形成的微观经济机制，对于制定科学的开发区选址和管理政策具有重要的意义。

### 2. 为以可持续发展为目标的城市规划、土地、基础设施和环境管制等各项政策设计提供决策支持

开发区建设是城镇化和城市空间重构的重要载体，涉及城市政府动机、土地利用、基础设施建设、人口和产业空间布局、环境污染等多个方面的问题。本书涉及对于产业和人口空间规划及布局、土地利用、基础设施投资、环境管制等问题的讨论，有助于政府制定更有效的"政策包"，通过开发区建设有效引导新城发展，可以为城市政府进行合理的开发区空间规划、基础设施投资决策和环境管制提供支持。

随着开发区不断地发展，如何实现产城融合、合理利用资金、发挥人力资本的外溢效应、科学合理配备劳动管理队伍是亟须解决的问题。本书对开发区发展过程中生产要素与经济产出的关系进行剖析，以探索新阶段开发区持续发展的思路和路径，探讨是否需要逐渐放慢开发区扩大建设速度等问题，为开发区的发展路径提供一些思路。

表 1-2　各地国家级经济技术开发区分布

| 省（区、市） | 开发区数量 | 省（区、市） | 开发区数量 |
|---|---|---|---|
| 北京 | 1 | 黑龙江 | 8 |
| 天津 | 6 | 上海 | 6 |
| 河北 | 7 | 江苏 | 27 |
| 山西 | 4 | 浙江 | 22 |
| 内蒙古 | 3 | 安徽 | 13 |
| 辽宁 | 9 | 福建 | 10 |
| 吉林 | 5 | 江西 | 10 |
| 山东 | 16 | 河南 | 9 |
| 湖北 | 9 | 湖南 | 10 |
| 广东 | 7 | 广西 | 5 |
| 海南 | 1 | 重庆 | 3 |
| 四川 | 10 | 贵州 | 2 |
| 云南 | 5 | 西藏 | 1 |
| 陕西 | 5 | 甘肃 | 4 |
| 青海 | 2 | 宁夏 | 1 |
| 新疆 | 9 | | |

资料来源：商务部网站。

# 第二节　开发区的本质、内涵、意义

商务部这样定义开发区：它是由国务院和省、自治区、直辖市人民政府批准在城市规划区内设立的经济技术开发区、保税区、高新技术产业开发区、国家旅游度假区等实行国家特定优惠政策的各类开发区。同时，开发区还特指的是未被开发的地方，是具有经济或人文环境潜力的地方。简单来说，开发区就是为促进区域经济迅速发展而设置的专门机构。

开发区的设立是在国家尚未全面对外开放大背景下所采取特殊的开发开放体制。现阶段，我国开放型经济新体制不断完善，贸易投资便利化水平不断提高，法治化、市场化、国际化的营商环境不断优化，自由贸易试验区先行先试探索成效显著，全面开放新格局初步形成，开放型经济发展质量跃上了新台阶。进入新发展阶段，构建新发展格局同时面临机遇和挑战，需推动开发区高质量发展，进一步发挥开发区在经济发展中的主阵地作用。但是只从开发区的定义来理解，仍然非常抽象，需结合开发区的本质、内涵和意义来理解。

## 一、开发区的本质

开发区的本质就是从产业开发到产业集聚进而走向产城融合。产业化推动城市化，同时城市化引领产业化，两者相辅相成。这既是开发区自身发展过程的写照，也是开发区在国家现代化进程中的历史定位。全球经济、科技、贸易和产业格局正在发生深刻变化，我国也正经历百年未有之大变局，把我国建设成为富强民主文明和谐的社会主义现代化强国之路不易，而现代化之路关键是产业化，产业化的重要载体又是开发区。因此开发区的发展离不开产业化。

产业化为什么是现代化的必经之路呢？历史经验告诉我们，自西方国家 18 世纪中叶工业革命以来，产业化已经成为现代化的必经之路。200 多年来，许多国家或地区，通过引入技术，进而实行专业化分工和协作，实行社会化的生产和经营，开辟了一条完全不同于以往历史的发展道路，其结果也就是如今极为丰富的世界物质文明和精神文明。

自改革开放初期，国家决定建立经济特区和开发区，并赋予经济特区和开发区以产业开发为突破口，以产业化推动城市化。这是立足我国产业基础薄弱、基础设施滞后、经济体制僵化、资金极度短缺的国情而采取的一个重大的发展战略。期望以经济特区和开发区打开缺口，以点带线，以线连面，推动国家的现代化。开发区从产业开发起步聚集资本和就业，到产业集聚产生规模效应和提高投入产出效率，再到产城融合，城市让生活更加美好并引领产业更好的发展。事实证明这是成功的发展战略，也是成功的发展模式，对发展中国家尤其具有启发作用。

产业化引入了分工和协作，随之也就有了通过市场进行产品交换，有交换就有竞争，有竞争就需要提高质量和降低成本，而提高质量或降低成本，就需要技术创新，因此产业化也是技术创新的内生动力。产业化引入了分工和协作之后，也就有了提高效率的迫切要求。要提高效率，自然需要加强管理，而管理水平的提升，也就标志着文明的进步。因此，产业化也是文明进步的物质载体。

产业化是国家现代化的必经之路，开发区遵循产业化、城市化和现代化的发展规律。承担了产业开发、产业集聚和产城融合的历史使命。开发区也就成了国家现代化过程中的突破口、先行者和示范区，这是由开发区的本质所决定的，同时也是国家现代化的客观规律和历史任务的必然要求。

## 二、开发区的内涵

随着区域分工越来越明确，为了在市场获取竞争优势，促进地区的经济增长和行业发展，各地政府纷纷采取一系列的激励政策，吸引企业入驻到某个特定区域。在发展过程中，各区域由于地理位置、建设目的以及区域内企业类型的差异，从而形成不同类型的开发区。例如，经济技术开发区、高新技术产业开发区和海关特殊监管区域。其中，经济技术开发区数量最多，分布较为广泛，已成为所在区域经济发展的增长极，也是研究区域经济的一个重要载体。在了解开发区本质基础上，我们再探讨一下开发区内涵。

开发区内涵主要有两层：一方面是指新开垦的土地资源区域。土地资源是一个开发区形成的前提和基础，一个国家或地区为吸引外部生产要素、促进自身发展而划出一定范围并在其中实施特殊政策和管理手段的特定区域就是新开垦的土地资源区域。

我国的基本国情是地大物博，但人均占有量不足，这决定我们必须走土地集约的发展道路。由于我国开发区一直是边探索、边建设、边改革，所以形成了各个时期多种不同的土地开发模式。目前对土地开发模式的划分有多种角度。总的来讲，从起步开发的面积及与之配套的基础设施规模大小等，有零星开发、滚动开发、成片开发等模式。根据不同的开发组织形式，大致有下列六种开发模式：由国家直接进行开发区建设的模式，多见于国家级开发区；开发区同农村集体经济组织联合组建地产股份公司的开发形式，青岛少数开发区实行；委托模式，政府出资委托企业进行土地开发，使用权仍归政府联营模式，即由开发区管委会同内资单位联合承担的划片开发模式：合作模式，即政府以土地入股，企业出资，共同开发，共同分利的模式；成片出让模式，由政府将土地使用权有偿出让给开发区企业，由企业独立承担开发经营并且自负盈亏。成片土地出让模式在成片开发的各种形态中，是最符合市场经济要求的一种土地开发模式，也是被应用最广泛的土地开发模式。

在成片出让模式中开发企业以有偿有期限的出让方式获得土地，一般都会按照城市总体规划统一布局、精心安排合理的建设方案，对土地加以综合利用，这种模式有利于调动投资企业的积极性，促使企业在有限土地上实现最大的经济产出，易于实现土地的集约利用，在一定程度上优化了土地资源配置、提高了土地集约利用程度。但是也存在不集约行为，成片开发所需资金庞大，一旦资金难以保障，就会造成土地的大面积闲置；而且开发区企业往往只追求经济效益，忽视开发区整体社会和环境效益。结合开发区所处地区的经济社会条件和国家的相关政策，以及开发区自身的基本情况，选择恰当的土地开发模式，对于开发区进一步的发展和实现土地集约利用至关重要。

另一方面，开发区必须是具有经济潜力的地区。一般是指尚未发挥资源和经济优势需要人为开发的新区域，以达到社会有限资源通过合理配置产生出最大的社会效益。结合开发区的本质，新开垦的土地资源一定是有经济潜力的，有利于形成产业聚集，有利于形成产城融合，而非任意一块土地。

开发区是各级政府设立的以城市为依托，在特定自然地理范围内，以经济发展为主要目的，依据一定的和所必需的基础设施以及人文、技术、社会条件，以产业集聚、吸引外资和科技创新为目的，促使区域资源配置优化、产业结构有机协调和人文、社会、经济可持续发展，实行开发性政策为特征的各类经济区域。

开发区建设是我国改革开放的成功实践，对促进体制改革、改善投资环境、引导产业集聚、发展开放型经济发挥了不可替代的作用，已成为推动我国工业化、城镇化快速发展和对外开放的重要平台。国务院办公厅《关于完善国家级经济技术开发区考核制度促进创新驱动发展的指导意见》和《国务院办公厅关于促进国家级经济技术开发区转型升级创新发展的若干意见》中明确指出开发区的建设目标是："将国家级经开区建设成为带动地区经济发展和实施区域发展战略的重要载体，成为构建开放型经济新体制和培育吸引外资新优势的排头兵，成为科技创新驱动和绿色集约发展的示范区，成为大众创业万众创新的落脚地。"基于这种建设目标，对开发区土地利用就提出了更高的要求，开发区是以发展产业带动经济发展为主要目的，由于享受到特殊的政策优惠，在土地利用方面更是要做到土地投入产出的最大化，在各方面起到带头示范作用，同时要积极响应国家可持续发展的要求，做到土地利用的长久可持续发展。

开发区以产业发展为重要任务，以产城融合为方向，既要有明确的区域范围，也要有一定的经济潜力。除了土地资源，开发区还要有人力资源和资本资源，例如，劳动力资源、管理技术资源及有形资本资源（基础设施、厂房、设备等）、货币资本资源和信息资本资源。开发区承担开发建设的责任，享受国家特定经济优惠政策和特殊管理体制，自然要讲究投入产出的效率和效益，需要成为独立核算的单位。开发区在特定地域范围内，在政府的引导下，依托区域自身要素禀赋或政策优势，吸引外部优势资源、技术等要素在所在地区聚集，形成具有独特发展优势，可对周边城市的经济社会发展产生辐射带动作用，进而推动经济发展，这是建立开发区的主要目的。

## 三、开发区的意义

从 20 世纪 80 年代国家在沿海开放城市建立开发区开始，接下来的几十年里，中国陆陆续续建立开发区，开发区建设成果斐然。具体来说，开发区本身存在的意义主要体现出产业集聚的效率和效益、资源利用效率的提高、人居环境改善和提升三个方面。

第一，开发区通过产业聚集有效提高产业开发和生产效率。传统经济学一般都忽视现实的空间，对实际经济现象的解释力不足。一些经济学家回归地理经济学，结合经济活动产生的空间集聚现象，创立了新经济地理学（又名空间经济学）理论。新经济地理学的核心在于解释经济活动在地理空间中的集聚现象。新经济地理学主要研究经济活动的空间集聚和区域增长集聚的动力两个方面的内容。空间聚集是指各种产业在一定的区域范围内集中，产生一定的集聚效应后又吸引相同的产业向这个区域靠近；区域增长集聚的动力主要是受到已有产业集聚的规模、劳动力流动和交通成本等因素的影响。

产业规模聚集能够为企业提供高品质而专业的投入，比如人力、资金、硬件、行政、科技等基础设施及天然资源等。首先，规模聚集可以提高园区企业生产效率，充分利用规模效应的外部性，从聚集中获得最大益处，还能保证企业不用牺牲大规模企业所缺少的柔韧性。比如，产业聚集不仅可以降低企业间搜寻成本，降低交易费用，还可以与园区内企业间建立起信息共享机制，降低了信息获取成本。通过形成企业集群，提高议价能力，便于以较低的价格从交易对手处获得产品或服务。利用产业集群可以形成巨大的磁场效应，吸引专业人才的不断涌入，便于企业找到多元化的人才，较大地降低了用人成本。其次，在园区各种技术、创新等信息传播速度很快，有利于企业避免信息孤岛，及时改进技术或工艺，加强创新，以提高集聚区内企业的持续创新能力，并渐渐朝产业质量聚集转变。另外，产业规模聚集便于企业与竞争对手进行比较，有利于促进园区内企业的充分有效竞争，获得竞争优势。

产业开发是现代经济的关键，没有产业开发就谈不上现代经济乃至现代社会的发展，这是现代经济有别于自然经济的根本标志，而产业集聚又是提高产业开发效率和效益的有效途径。特定产业在一定地理空间内集聚，带来技术、资金、信息、人才等要素资源的共享，改善产业开发整体条件，区域内企业获得规模经济效应。此外，产业聚集促进企业间的良性竞争，通过相互比较、学习与借鉴，促使企业对产品的服务、技术创新等方面加大投入，增创竞争新优势。产业聚集产生的溢出效应，可以带动企业的其他技术得到提升，对信息的传播、知晓度都会产生积极影响。

第二，开发区可以提高资源利用效率。人口众多、人均资源相对不足是我国基本国情之一。作为自然资源相对稀缺而经济快速发展的国家，我国面临着社会经济发展质量与资源空间配置效率失衡的矛盾。在产业发展过程当中，资源利用效益的高低决定着经济社会发展的水平和质量。国家如此，地区也是如此。开发区便于人才和信息的集聚交流，促进了自然资源和人力资源等利用效率和效益的提高。开发区建设可以极大地提高资源利用效率，协调经济、人口、资源、环境空间布局。

党的十九届五中全会通过的《中共中央关于制定国民经济和社会发展第十四个五年规划和二〇三五年远景目标的建议》提出，"十四五"时期要"推动绿色发展，促进人与自然和谐共生"，强调"全面提高资源利用效率"。这既是破解保护与发展突出矛盾的迫切需要、促进人与自然和谐共生的必然要求，也是事关中华民族永续发展和伟大复兴的重大战略问题。要考虑资源利用与发展的关系，坚持节约优先，不断提高资源本身的节约集约利用水平，满足经济社会发展合理需求。开发区政策可以提高资源利用效率，很好地解决这一问题。

第三，开发区推动改善和提升人居环境。在我国工业化初期，追求工业化发展的同时忽略了环境问题。随着环境污染的日益严重，有关政府部门对环保的重视度越来越高，提出了"绿色发展"的倡议，并采取有效措施予以遏制。但是许多城市依自然经济和产业经济的缓慢演变而自然形成，人居和工厂混合布局，生活和生产交叉影响，环境改善和产业升级相互制约。开发区一般是新建区，总体规划建设事先经过科学论证，融入了生态文明的理念，生产和生活适当隔离，基础设施提前建设，环境和产业统筹兼顾，从而促进人居环境的提升，推动掀起生态文明发展的潮流。事实上，现在许多地区旧城改造难度大于新区建设，往往依托开发区建设，实施"腾笼换鸟"，盘活闲置资源推动新旧动能转换，改造提升城市功能。

开发区是坚持以产业发展为主，既成为本地区制造业、高新技术产业和生产性服务业集聚发展平台，也成为实施制造强国战略和创新驱动发展战略的重要载体。开发区科学规划功能布局，突出生产功能，统筹生活区、商务区、办公区等城市功能建设，促进新型城镇化发展，同时将生活区和工业区分离开来，改善了人们的居住环境。

通过以上分析我们不难发现，新发展阶段，开发区的建设仍然意义重大。开发区已成为推动我国工业化、城镇化快速发展和对外开放的重要平台。开发区建设是适应我国经济发展新常态、加快转变经济发展方式的重要举措，对于推进供给侧结构性改革、推动经济持续健康发展具有重要意义。所以，开发区的旗帜不仅能够打下去，而且还应该高高举起，为把我国建设成为社会主义现代化强国做出贡献。

本节我们讨论了开发区的本质、开发区的内涵和开发区本身存在的意义。通过讨论开发区的本质，我们可以更好地认识到开发区在国家现代化进程中的作用和地位，更加坚定继续加强开发区建设和发展的信心和自觉性。通过讨论开发区的内涵，我们可根据与时俱进的精神，把握开发区在新发展阶段的新要求和新任务。讨论开发区本身存在的意义，可以更好地认识到开发区不仅能提高产业集聚和资源利用的效率和效益，还可以发现开发区基于产业化和城市化之上地对人居环境的改善作用。

# 第三节 我国开发区的发展历程

国家级开发区发展历程可划分为四个阶段：起步发展阶段（1984—1991年）、快速发展阶段（1992—1998年）、稳定发展阶段（1999—2002年）、科学发展时期阶段（2003年至今）。

## 一、起步发展阶段（1984—1991年）

1984年，邓小平同志亲临深圳视察，在对兴办经济特区的决策给予充分肯定之后，提出："我们建立特区，实行开放政策，有个指导思想要明确，就是不是收，而是放。"1984年3月26日至4月6日，中共中央书记处和国务院在北京召开沿海部分城市座谈会。会议学习了邓小平同志关于对外开放和特区工作的重要意见，着重讨论了如何加快步伐，扩大开放，更好地吸引外资、引进先进技术的问题。伴随着改革开放的步伐，1984年9月，国务院批准建立首个经济技术开发区——大连经济技术开发区。1984年至1988年间，国务院批准在沿海12个城市建立了14个国家级开发区。这一阶段，中央对开发区的政策支持，主要不是体现在直接给予资金的资助，而是给政策、给自主权。尚处于起步阶段的开发区发展基础薄弱，建设资金短缺，外资进入中国尚处于试探和观望阶段，所以各开发区总体发展成绩并不尽如人意。1991年，14个国家级开发区总共实现工业产值145.94亿元，税收7.90亿元，出口11.4亿美元，合同使用外资额8.14亿美元，实际使用外资3.61亿美元。截至1991年底，累计使用外资13.74亿美元。引进项目以劳动密集型的中小企业为主，技术含量低，技术转让或技术转移较少。

在起步发展阶段，开发区发展成效有限，但发展潜能突出显现。1986年，邓小平同志视察天津开发区时，题写了"开发区大有希望"。各开发区大胆探索，艰苦奋斗，为下一阶段的发展奠定了良好的基础。第一，探索出具有中国特色的"资金大循环"开发区基础设施建设模式，具备了加速发展的物质基础。第二，逐步建立并完善了开发区管理的基本模式与法规体系。第三，在"四窗口"——"技术的窗口、管理的窗口、知识的窗口和对外政策的窗口"发展宗旨的基础上，确立了"三为主一致力"——以发展工业为主、以利用外资为主、以出口创汇为主和致力于发展高新技术产业的发展方针。第四，培育了一批从事开发区管理与招商引资的人才。

## 二、快速发展阶段（1992—1998 年）

1992 年，邓小平同志赴南方视察并发表重要谈话，国家实施扩大开放战略，在开放地域上，从 20 世纪 80 年代沿海开放扩大到沿江（长江、黄河、珠江等）、沿边（境）和内陆省会城市开放；在开放领域上，从生产领域扩大到金融、贸易等服务领域，呈现出全方位对外开放的态势。顺应这一战略，开发区在数量和规模上有了很大的扩展，掀起了对外开放和引进外资的新一轮高潮。1998 年，首批 14 个国家级开发区总共实现工业产值 1869.09 亿元，税收 131.16 亿元，实际吸收外资 32.52 亿美元，分别比 1991 年增长了 6.2 倍（按不变价格计算）、8.9 倍（按不变价格计算）和 8 倍，平均年增长率分别达到了 32.5%、38.8% 和 36.9%。

开发区"跳板"功能的产生，根源于中国高速增长、需求旺盛的国内市场，这是吸引跨国公司投资的前提。随着对外开放不断深化，中国对跨国公司的吸引力不断增强。1992 年开始，跨国公司争相进入中国市场，开始取代了中小资本的主体地位，美国摩托罗拉、法国太平洋炼油、美国宝洁、韩国三星等一大批投资上亿美元甚至上十亿美元的大项目纷纷进入国家级开发区。跨国公司在国内迅猛发展，带来了先进的技术和管理方法，大大提高了劳动生产率，也促进了人才素质和管理水平的提升，在短时间内消除了国内的经济短缺，形成了较低水平上的相对供过于求。与此同时，这种短暂的经济膨胀逐渐引发了中国经济深层次的矛盾，国有企业陷入困境，比如开工不足、设备闲置、资本贬损、就业萎缩，中国经济增长率开始下降，这种经济增长率的下降又加剧了国内有效需求的不足，使"跳板"功能的前提受到影响。

不可否认的是，在快速发展时期，引进外资项目的技术含量和技术水平明显提升，直接推动了我国工业现代化的进程。国家级开发区已成为外商投资的最大热点，成为所在城市的重要经济增长点。开发区被视为一种成功的经济发展模式，其示范作用日益显现，国内掀起了建设开发区的热潮。国家级开发区由最初的 14 个增加到 32 个。

## 三、稳定发展阶段（1999—2002 年）

在稳定发展阶段，我国开始实施西部大开发战略。国家批准了中西部地区省会、首府城市设立国家级开发区。国家级开发区和享受国家级开发区政策的工业园区增加到 53 个。一方面，国家级开发区基础更加雄厚，投资环境相对优势更加突出，一些开发早、规模大的国家级开发区功能不断完善，从早期纯粹的工业园区，变为兼具居住、服务等多种功能的城市新区。另一方面，政策与体制环境的变化、国家级开发区功能的变化以及外部竞争的加剧，都对国家级开发区原有的发展模式提出了挑战，国家级开发区面临"第二次创业"的新任务。

1999 年，时任副总理吴仪在庆祝开发区 15 周年座谈会上，较为系统地阐述了开发区第二次创业理念的内涵。归纳起来，主要有以下几点含义：一是优化产业结构，不断提高开放型经济水平；二是坚定不移地走以内涵为主的发展道路；三是充分发挥开发区的示范和辐射作用，带动区外特别是中西部地区的发展；四是建立和完善社会主义市场经济新体制。总之，开发区二次创业就是要从依靠政策优惠，转为依靠已经形成和进一步完善的投资环境，特别是社会主义市场机制、人才培训、服务和效率等因素构成的投资环境吸引外商。

2001 年，我国正式加入 WTO，对外开放迎来了新的局面。一方面，能更充分、有效地利用国内外两种资源、两个市场，把我国对外开放提高到一个新的水平。进一步开放市场、实行国民待遇和增加政策透明度，创造更加宽松、透明、稳定的环境，促进我国企业更多更好地吸收国外的资金、先进技术和管理经验，通过更好地"引进来"，加快提高我国产业的国际竞争力。同时，加入 WTO 也有利于充分发挥我国的比较优势，更好地实施"走出去"的开放战略,促进我国产业和企业更加有效地参与国际竞争。另一方面,加入 WTO 促进了我国社会主义市场经济体制的完善。自改革开放以来,我国经济体制改革取得了巨大成就,社会主义市场经济体制逐步建立,但阻碍社会生产力发展的体制性障碍还没有完全消除。世界贸易组织的原则和具体规则,体现了市场经济的一般规律,是我国完善社会主义市场经济体制需要采纳或借鉴的。中国经济开始与世界市场经济体制接轨,并逐渐融入全球经济中。

## 四、科学发展阶段(2003 年至今)

中共十六大以来,特别是中央提出科学发展观以来,国内外形势正发生深刻变化,中国经济社会发展进入了一个新阶段,迎来了重要发展机遇与挑战,国家级开发区也开始步入科学发展时期。2004 年,在国家级开发区创建二十周年之际,时任总理温家宝做出重要批示:"在新的发展阶段,国家级经济技术开发区建设必须贯彻落实科学发展观,努力实现经济体制和经济增长方式的转变。要严格执行国家关于经济技术开发区的各项政策,认真总结经验,更加注重结构调整和优化升级,更加注重引进技术和开发创新,更加注重开发项目的质量和效益,更加珍惜和合理利用土地,防止盲目追求数量和规模,努力提高国家级经济技术开发区的发展水平。"

开发区的发展方针由"三为主一致力"调整为"三为主二致力、一促进":以提高吸收外资质量为主,以发展现代制造业为主,以优化出口结构为主,致力于发展高新技术产业,致力于发展高附加值服务业,促进国家级经济技术开发区向多功能综合性产业区发展。提出开发区的奋斗目标即"六个成为":努力建设成为促进国内发展和扩大对外开放的结合体,成为跨国公司转移高科技高附加值加工制造环节、研发中心及其服务外包业务的重要承接基地,成为高新技术产业、现代服务业和高素质人才的聚集区,成为促进经济结构调整和区域经济协调发展的重要支撑点,成为推进所在地区城市化和新型工业化进程的重要力量,成为体制改革、科技创新、发展循环经济的排头兵。

"十一五"期间(2006—2010 年),国家级开发区坚持科学发展观,继续深化改革开放，推动经济转型与产业升级，积极探索"引进龙头企业，做实做足产业链，形成产业集聚效应"的发展模式，以现代制造业为依托，形成制造业与服务业相互融合，良性互动，共同发展的局面。边境合作区实施科技、工业、贸易、旅游并举发展，通过企业技术改造、特色产业基地建设与产业链延伸，提升了企业技术水平和产品附加值，培育起一批具有规模效应的特色产业集群，促进了当地产业结构的优化升级。在开放型经济的带动下，开发区和边境合作区利用国内外两个市场、两种资源的能力有了明显提高，在引导劳动密集型产业向国内其他地区转移、培育区内龙头企业进行全球化经营布局、扶持内源型经济和内资企业发展等方面都取得了重大成绩。与此同时，国家级开发区和边境合作区作为城市化的动力、资源配置的中心和对外开放的热点，通过产业、开发、人才等扩散效应，在更广阔的空间合理配置要素，提高了所在区域的城市化水平，促进了区域经济、社会、文化的全面协调发展，在服务国家区域发展战略中发挥了引领、示范和带动作用。在创新方面，国家级开发区积极营造区域创新体系，探索构建开放型创新服务平台，致力于发展高新技术产业，不断集聚研发机构与高端人才，推进产学研合作和技术转移，带动社会研发投资，科技创新能力进一步提升，成为国家重要的高新技术研发与成果转化基地。为推进体制改革，实施"小政府、大社会"的管理模式，国家级开发区和边境合作区继续坚持精简高效的"管委会"管理体制，在规划引导、依法行政、土地开发、基础设施建设、经济管理、投融资、人才管理、公共服务等领域不断完善灵活高效的市场化运行机制，大力推动行政管理标准化进程，着力提高"一站式"服务水平，较为超前地营造了与国际规则和国际惯例对接的重商、亲商、安商的投资环境。

"十二五"期间（2011—2015年）是我国全面建设小康社会的关键时期，是深化改革开放、加快转变经济发展方式的攻坚时期，是全国发展仍处于可以大有作为的重要战略机遇期。国家级开发区和边境合作区继续作为深化改革的"试验田"、扩大开放的排头兵、科学发展的引领者和社会和谐的示范区。2010年以前，开发区大多数都是由政府承担基础设施建设、土地出让、配套服务等工作。随着混合所有制、金融体制改革、公私合营模式（PPP）的推进，国家级开发区呈现出投资主体多元化的趋势，社会资本参与的广度和深度大幅提升。2011—2015 年，国家级高新区（不包括苏州工业园）数量从 88 家增至 145 家，国家级经开区则从 131 家增至 219 家。数量扩张的同时，国家级开发区的经济总量也快速攀升，园区生产总值从 2011 年的 8.2 万亿元增至 2014 年的 15 万亿元，占全国 GDP 比重从 17.6% 增至 23.5%。2014 年以来，国家自主创新示范区加速扩围，先后设立了深圳、苏南、长株潭、天津、成都、西安、杭州、珠三角等 8 个国家自主创新示范区，对于高新区实现创新驱动、加快高技术产业发展、进一步完善创业创新机制起着重要的引领和带动作用。但在西部大开发、长江经济带以及"一带一路"倡议等推动下，中西部地区国家级开发区数量不断增加。2015 年，东、中、西部地区国家级开发区数量分别为 182 家、106 家、76 家，占比分别为 50.0%、29.1%、20.9%，初步形成了"五三二"格局。

"十三五"期间（2016—2020 年），在"双创""四个全面"和"五大发展理念"的指导下，推进转型升级、实现创新发展仍然是国家级开发区的发展重点。国家级经开区发展总体呈现稳中提质、加快发展的良好态势。2018 年，经过 34 年建设发展，中国已建立起包括国务院批准设立的经济技术开发区、高新技术产业开发区、海关特殊监管区域、边境/跨境经济合作区、其他类型开发区和省（自治区、直辖市）人民政府批准设立的开发区等多种类型并存的全面的开发区体系，成为中国改革开放 40 年来经济快速发展参与全球创新竞争的重要力量。与 2016 年相比，2020 年国家级经开区地区生产总值、进出口总额和使用外资金额，分别增长 40%、36% 和 23%。截至 2020 年底，国家级经开区内高新技术企业超过 3 万家，比 2016 年增加 1 倍。绿色低碳发展取得成效，截至目前，国家级经开区有 51 家获批国家生态工业示范园区、58 家获批国家循环化改造试点示范园区、71 家获批国家绿色园区、18 家获批国家低碳工业园区，分别占全国各类试点总数的 55%、45%、42%、33%。"十三五"时期，国家级经开区单位工业增加值主要污染物排放显著下降。国家级开发区更加注重园区经济与城市经济相融合、对外开放与改革创新相统一、政府引导与市场主导相结合，以更大力度破解发展瓶颈、增强发展动力、提升发展内涵。

"十四五"时期（2021—2025 年），到 2025 年，开发区高质量发展格局基本形成，规模能级稳步升级，产业发展质量更优，规模效应正在形成，发展规模与发展质量增速稳定。2020 年，我国战略性新兴产业增加值占 GDP 比重为 11.7%，比 2019 年提高 0.2 个百分点，比 2014 年提高 4.1 个百分点。其中，规模以上工业战略性新兴产业增加值比 2019 年增长 6.8%，比规模以上工业增加值增速高 4 个百分点；高技术制造业增加值比 2019 年增长 7.1%，比规模以上工业增加值增速高 4.3 个百分点，占规模以上工业增加值的比重达到 15.1%，占比比 2019 年提高 0.7 个百分点。2020 年，我国高技术产品出口额比 2019 年增长 6.5%，占出口总额的比重为 29.94%，比 2019 年提高 0.68 个百分点。聚焦到国家级经开区，随着产业结构转型的不断推进，战略性新兴产业已经成为许多国家级经开区具有代表性的主导产业，以战略性新兴产业为抓手促进区内产业转型升级也将是国家级经开区可持续发展的必然选择。同时，围绕"一带一路"建设框架下双多边投资贸易合作的重点方向、体制建设和关键平台，发挥京津冀、长江经济带、粤港澳大湾区的开放优势与产业基础，加快促进国际经贸合作规则对接，着力打造优质高效的国际化营商环境，全面推动"引进来"与"走出去"协同互动。

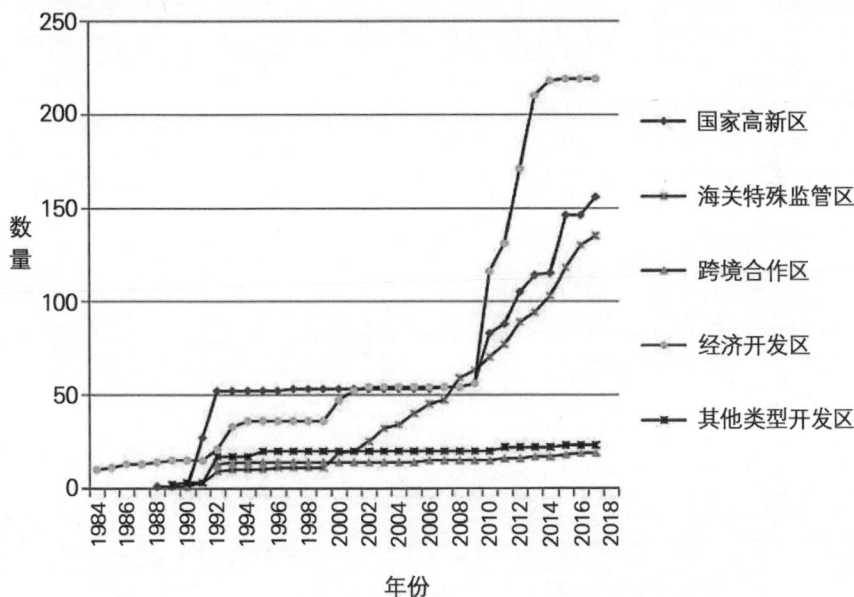

图 1-1  1984—2018 年各类开发区数量变化图

商务部作为国家级开发区的主管部门，早在 2012 年，在总结开发区发展经验的基础上，就提出了"三并重二致力一促进"的开发区工作指导方针，即以先进制造业与现代服务业并重，利用境外投资与境内投资并重，经济发展与社会和谐并重；致力于提高发展质量和水平，致力于增强体制机制活力；促进开发区向以产业为主导的多功能综合性区域转变。这个新时期的指导方针，非常明确地提出开发区要以产业发展为重（三并重），不断创新体制（二致力），努力实现产业化推动城市化（一促进）。这既是对开发区过去发展阶段的总结，也是对开发区新时期发展方向的指引，还是对开发区的本质和开发区的意义进行的总结和提示，有助于我们充分讨论和深刻认识开发区发展和开发区体制的现实意义和历史意义。

第一章

开发区理论综述与开发区体制演变及其主要影响因素

改革开放以来，浙江省各开发区在扩大对外开放、深化体制改革、推动经济发展、促进社会和谐等方面发挥了重要作用，为加快浙江工业化、城市化、市场化和国际化进程作出了重大贡献。开发区在当今浙江经济社会发展中仍然具有不可替代的作用。但是，由于种种原因，特别是管理体制方面的原因，目前在开发区发展过程中存在着许多自身难以解决的矛盾和问题：如法律地位不明确、管理权限经常不到位、规划区与行政管辖区不统一、缺乏一个统一协调开发区发展的机构等。上述矛盾和问题严重制约了开发区的发展。因此，要加快开发区发展，尤其是管理体制迫切需要在新形势下进行改革和创新，以体制的最大活力，求得发展的最大动力，真正形成一个适应市场经济发展且与国际惯例接轨的新型管理体制。积极推进管理体制改革，是开发区摆脱目前各种矛盾困扰的现实选择，是"增创新优势，更上一层楼"的内在动力，是与国际惯例接轨的客观要求，是充分发挥"试验区"作用，是全国机构改革探索新路子的历史需要。

# 第一节　开发区理论综述

现阶段，涉及开发区的相关理论较多较杂，笔者在系统梳理的基础上，选取了主要的生命周期理论、不平衡发展理论以及产业区理论并进行展开介绍。

## 一、生命周期理论

生命周期理论认为，开发区作为开放型经济主平台，是产业集群化发展的基础支撑。因此，园区的发展必然也同产业集群化发展一样呈现出类似的特征。结合经典的生命周期理论，参照联合国贸易和发展会议（UNCTAD，1998）划分的产业集聚五种类型，将开发区划分为初创期的要素集聚与定位阶段、成长期的生产集中于地区专业化生产阶段、成熟期的溢出与创新效率提升阶段、衰退期的趋于生产衰亡阶段。

在初创期的要素集聚与定位阶段，很多要素的集聚和产业集群的雏形都是依靠市场自发形成的，开发区形态本质上也是市场因素和非市场因素的结合。从市场演变视角来看，开发区可视作外部经济的产物，是分工协作在一定地域内集中的结果。从国家行政干预视角来看，开发区是在强制性行政手段的外部强化下，通过政策、能耗、土地等要素的计划供给推动一定区域内分工的持续专业化和由此带来的规模经济。生产集中于地区专业化生产的成长期阶段，开发区的要素集中和专业化生产使得生产规模持续扩大并形成规模经济，进而产生更大程度更加复杂的专业化合作，形成具有显著区域竞争力的产业集群，也进一步推动开发区企业主体、产业链配套、服务等资源要素的持续丰富，形成良性互动的产业生态，开发区很快进入溢出与创新效率提升的成熟期阶段。这一时期，传统的资源要素叠加带来的边际增长效用有限，政策的赋能效应也由于周边开发区的竞争几近失效，产业迭代升级和园区服务配套优化成为新的增长动能。这一时期，园区的功能更加丰富多元，居住、生产、生活基本在园区内实现。生产性服务业和高端生活性服务业的崛起成为这一阶段的重要标志。趋于生产衰亡的衰退期阶段，理论上由于产业集群丧失市场竞争力，园区整体机能进入衰退期，部分企业主体陆续撤出园区，产业和园区逐渐消亡。

生命周期理论认为，园区的要素禀赋存在"不可分割"性。地区增长极存在明显路径依赖现象，这也是卡尔多（Kaldor，1998）在论及区域经济增长和区域产业结构时重点强调的观点。也就是说，要素和比较优势的内生性会导致地区和产业结构的必然性。这种观点无疑带有一定的宿命论，也就决定了开发区必然面临着从诞生到衰亡的整个生命周期。想要延缓这一周期，除了区域自发性的专业化分工协作之外，还需要政策等形成手段的干预引导，通过寻求市场自发和行政干预的最佳均衡点，以不断提升园区的发展活力。

## 二、不平衡发展理论

在谈及不平衡发展理论之前，先了解一下平衡发展理论是十分必要的。平衡发展理论强调产业间的关联互补作用，主张在区域间或区域内平衡部署生产力，实现区域经济的平衡发展。即在区域间及其内部对各部门同时进行投资以使工业、农业、轻重工业、一二三产业及原料加工工业等各部门基本得到协调平衡发展。这种理论的严格假设使得它很容易忽略了一个基本事实，即对一般区域特别是欠发达地区来说，不可能拥有推动所有产业和地区平衡发展的雄厚资金，且少量资金的投放也不能获得较好的经济效益。随着理论的演变，不平衡发展理念应运而生。赫希曼从发展中国家的主要稀缺资源（资本）应得到充分利用出发，提出不平衡增长理论。该理论的核心观点是发展中国家或某一区域不具备全面增长的资本和其他资源，那么要求这些地区达到经济平衡增长是不可能的。这时就需要找出主导产业，在增长极理论的指导下形成传导机制，即所谓的关联效应原理。关联效应原理是赫希曼不平衡理论的核心，其包括前向关联反应、后向关联反应、旁侧关联反应。前向关联反应是指主导产业在进行生产之前，有许多产业为其提供原料、燃料、生产设备等而产生的部门关联反应；后向关联反应是指主导产业在进行生产之后，其产品成为许多产业的原料、燃料、生产设备或直接进入消费部门而产生的部门关联反应；旁侧关联反应是指主导产业在进行生产过程当中，有许多产业为其提供相关的服务而产生的部门关联反应。关联效应是各个产业部门中客观存在的相互影响、相互依存的关联度，它可用该产业产品的价格需求弹性和收入需求弹性来衡量。在关联效应原理的指导下，不发达地区或发展中国家必定要优先投资与发展关联度大的产业，即该产业产品的需求价格弹性和收入弹性最大的产业，然后通过该产业的发展与扩张，逐步扩大对其他相关产业和整个产业链的投资与发展，最后在总体上实现地方经济增长。

## 三、产业区理论

阿尔弗雷德·马歇尔在杜能农业区位理论的基础上，结合新古典微观经济学理论提出了产业区理论。马歇尔将产业区定义为专业化产业聚集的地区。他认为产业区形成的原因在于获得规模经济，规模经济分为内部规模经济和外部规模经济。其中内部规模经济取决于从事生产活动的单个企业的资源、组织及管理效率。外部规模经济取决于外部产业区的发展规模。同时，他还指出产业区在内部和外部规模经济的条件下产生的产业聚集的驱动因素在于产业区的劳动力共享、科技技术共享、信息溢出效应。其中劳动力共享在于产业区的形成能提供一个特定的劳动力市场，保证产业区的劳动力；科技技术共享在于产业区的形成能够促进产业区内的产业专业化技术的投入；信息溢出效应在于单个产业低于产业群的生产、信息溢出效应。

# 第二节 开发区体制演变

## 一、国外开发区园区的演变历程

世界上第一个真正意义上的开发区是 1547 年出现的意大利雷格亨自由港。到第二次世界大战结束后，国外经济自由区的"开"与"发"逐渐成为时代潮流。由于经济自由区实行特殊政策和措施，能够有效刺激投资、贸易、加工和开发等涉外经济活动，因而，各国经济自由区一般都建立起一套适合本国国情和自由区本身实际的能够适应市场变化、灵活而又具有创造力的开放型政府管理体制，与非经济自由区的地区和部门相比，绝大多数经济自由区的管理机构具有行政和企业部门的双重职能。从美国的硅谷到德国 Adlershof 高科技产业园，从英国的 BBC 媒体城到新加坡的裕廊工业区，国外也有各种类型的开发区，包括产业园区、工业园区、经济园区等。以工业园为代表的经济技术开发区模式为经济发展提供了较巨大的支撑动力，在美国、东南亚、欧洲等地，经济开发区的发展模式也层出不穷，为经济发展提供了大量的园区样本。其中，新加坡的裕廊工业区和德国 Adlershof 高科技产业园因为卓越的表现被称为"开发区发展的奇迹"。

## （一）新加坡的裕廊工业区

新加坡的裕廊工业区是亚洲最早成立的开发区之一。最初仅是海滨的荒芜之地。"二战"结束后，新加坡仍旧是一个缺乏资源、工业基础落后、失业率极高的弹丸之地。为了改变这种面貌，新加坡建立了开发区，选择以吸引跨国公司投资为主的发展道路。为了求存求活、改变这种面貌，1961年，新加坡设立了经济发展局，建立工业区，采取一系列吸引外资政策措施，加快工业化进程。裕廊工业区的成功建立使新加坡实现了快速工业化，且至今依然保持充足的发展活力。

作为亚洲最早成立的开发区之一，裕廊工业区的发展经历了五个阶段：

（1）劳动密集型产业主导阶段。为快速解决战后的新加坡就业问题，改变国家的工业落后面貌，20世纪60年代的裕廊工业区以劳动密集型产业为主，注重引入出口型企业以创造就业机会。经过十年发展，新加坡的经济结构发生了明显转变，就业率持续攀升，裕廊工业区的经济得到快速发展。

（2）技能密集型产业主导阶段。20世纪70年代的裕廊工业区注重与世界知名跨国公司联手，对高资本项目实行风险共担，在机械制造、光电仪器、电子等行业设立合作发展机构。同时注重培育本地的中小企业为跨国公司的产品进行配套，并培训大量技能型人才以满足跨国公司对高素质技术工人的需求。到70年代末，新加坡的经济结构发生了巨变，制造业占GDP的比重由1965年的15%上升至1979年的27%，失业率由1965年的10%下降至1979年的3.3%。

（3）资本密集型产业主导阶段。20世纪80年代的裕廊工业区启动了1980—1990年的10年总体规划。该阶段的特点是为高增长型的企业设计和提供具有差异化的设施和厂房，包括将南部的岛屿开发成石油化工产品的生产和配售中心，将罗央开发成第一个航空工业中心以及建设新加坡科技园以大量引进科技型企业，为工业区吸引了大量高附加值的资本。

（4）技术密集型产业主导阶段。20世纪90年代的裕廊工业区通过将若干岛屿与裕廊岛合并，拓展外延空间，增加有限的土地资源以推动区域化发展，建成世界级的石油化工中心；大力培育以知识型产业为主导的战略性新兴企业；发展迈向生物科技和生物医学科学的新兴产业。

（5）知识密集型产业主导阶段。进入 21 世纪的裕廊工业区为了提高工业区土地的集约化利用，将成本效益分析和知识经济融合到工业区设计和发展之中。大力发展生命科学、生物医药科技、环保、绿色科技等高附加值产业，引进物质消耗少、成长潜力大、回报率高的战略性产业，引入商业园、技术园、后勤园等新概念产业园，建立研发创新园，进一步深化石油化工产业，巩固世界级石油化工中心的地位。

裕廊工业区的工业种类很多，包括造船、修船、炼油、钢铁、水泥、化学、汽车装配、食品、电缆等工业。作为世界著名的"花园工业镇"，裕廊工业区只占用不到全国十分之一的国土面积，却贡献了新加坡超过 20% 的GDP，吸收了全国 1/3 以上的劳动人口，堪称工业园区发展典范。这些亮眼成绩的背后，我们想知道裕廊工业区是如何发展起来的。回顾整个发展历程，裕廊工业区的发展给我们带来了许多启示和借鉴之处。

首先，政府主导，市场化运作。政府是科技产业和园区建设发展的决定力量，在裕廊工业园开发运营的早期阶段，新加坡采用了政府垄断开发的制度安排，具有很强的超自主性质。根据地理环境的不同，将靠近市区的东北部划为新兴工业和无污染工业区，重点发展电子、电器及技术密集型产业；沿海的西南部划为港口和重工业区；中部地区作为轻工业和一般工业区；沿裕廊河两岸则规划住宅区和各种生活设施。为充分发挥裕廊工业区的综合功能，新加坡政府于 1969 年 9 月在裕廊码头内设立自由贸易区，使裕廊工业区同时兼有工业生产基地和转口贸易双重功能。通过采取政府垄断的开发运营模式，新加坡对裕廊工业园区的资金筹集、土地运用、招商引资等进行统一规划，可以快速并以较低成本获取私人土地。与之相对的，裕廊镇管理局实质上是一个房地产开发商及专业服务提供商，依托公司制运作模式，通过法定机构改革，使其行为更加企业化和市场化，确保能够有效吸引跨国公司的投资，促进园区项目快速启动并尽快实现规模经济。该模式后来不断被亚洲其他发展中国家学习和效仿。

其次，强调基础设施建设。为高效、迅速改善裕廊工业园区发展的"硬环境"，新加坡政府一开始就把基础设施建设作为发展的重点，在园区建设初始阶段投入了大量资金，用于园区的基础设施建设，建成了总长达一百多公里的区内现代化公路网、发电量占全国一半以上的裕廊电厂、裕廊港码头、自来水厂以及三百多幢标准厂房等,形成相对完备的基础设施体系,为工业区的未来发展打下了坚实基础。同时,裕廊工业园区还兴建了学校、科学馆、商场、体育馆等各种社会服务配套设施,成功将生产、商务、生活、娱乐、休闲融为一体,充分满足园区内人才的多方位需求。生产和生活相得益彰,对工业区的人才储备起到了非常大的促进作用。

再次,大力推进产业迭代升级。裕廊工业园根据自身区位和资源禀赋特点,以及国际产业发展的趋势和机遇,从实际出发,不断调整产业结构和发展方向。二十世纪六七十年代,新加坡工业化刚刚起步,为解决单一依赖转口贸易、工业基础薄弱和殖民统治时期遗留的严重失业问题,裕廊工业园着力发展以出口为导向的劳动密集型制造业。20世纪80年代,为顺应国际产业发展潮流,裕廊工业园将制造业朝着高附加值的资本密集型和技术密集型方向转化,并积极促进服务业发展。20世纪90年代至今,以信息产业为中心的知识密集型经济开始兴起,高新技术、研发、工程设计、电脑软件服务业等知识密集型产业逐渐成为裕廊工业园区发展重心。

最后,积极引进跨国公司投资。新加坡原来长期依赖转口贸易,工业基础尚未建立,且国内市场狭小。针对这些不利条件,新加坡政府采取大力引进国外资本发展本土经济的策略,并明显以跨国公司的投资为重点。裕廊工业区的迅速发展,就是能够抓住机遇,大力引进跨国公司的投资,自20世纪60年代起陆续引进跨国公司设厂,如壳牌、美孚等跨国石油公司,荷兰菲利浦公司,日本石川岛播磨重工业公司、美国列明士顿公司等世界著名大造船厂商。迄今为止,新加坡已成为世界第三大炼油中心、东南亚最大修造船中心及拥有世界第二大海上石油平台生产圈。

## (二)Adlershof 高科技产业园

Adlershof 高科技产业园的历史可以追溯到20世纪30年代成立的德国航空试验研究所,它在"二战"期间成为军事科技研发的重镇,"二战"结束后,承载了东德多项重要国家职能部门。但由于东德经济不景气并且缺乏创新人才,Adlershof 经历了30年的大萧条。自柏林墙被推倒之后,科技园向柏林的西南方向延展，Adlershof 成为首都科技和传媒创新最重要和前沿的区域之一。1991 年联邦政府决定再次建立阿德勒斯霍夫科学技术园区，推行孵化器战略，营造创新创业生态体系。1993 年，Adlershof 科技园正式成立，使其从原本松散、自发的经济模式开始转变为园区化发展。

发展至今，Adlershof 高科技产业园是"德国最成功的高科技产业园区之一"，是"柏林最著名的媒体区"，同时也是"全球最大的 15 个工业园区之一"和"欧洲最现代化的科技园"，还是"欧洲最大的综合性一体化技术园区"，这些头衔足以说明该园区的代表性和重要地位。2016 年，整个园区占比 4.2 平方公里，但产值超过 18 亿欧元，相当于 1 平方公里就产出约 34 亿元。Adlershof 高科技产业园在发展与建设过程中有许多成功的经验值得借鉴。

1. 政府营造大环境。与全国其他国家和地区大多数园区自下而上的方式不一样，德国政府的政策导向性非常明显。在通常情况下，联邦政府和柏林市政府不直接参与园区投资，只是提供优惠与扶持政策，如允许开发商通过租赁或出售土地来招揽投资者或创业者。此外，还会采取其他行政干预措施加强园区建设。比如，将德国洪堡大学应用科学类的院系搬迁到园区；引入欧盟结构基金促进园区基础设施建设；对于入驻的企业允许申请复兴信贷银行负责实施的全德范围的项目及柏林未来基金等。但在部分领域，德国政府在高科技产业开发方面主要是以吸引社会力量及资本投入为重点，实行市场化运作。

2. 专业机构来运营。园区由专业公司进行管理，并设有不同类型的创业公司为企业落户提供全方位的帮助和咨询。WISTA 管理公司是 Adlershof 科技产业园的开发与经营商，而创新和创业中心（IGZ）和国际创业中心（OWZ）则为企业的创建提供一系列支持和服务。IGZ 成立于 1991 年，主要为企业创立人和新成立的创新型和技术型企业提供包括咨询、基础设施和租房等在内的服务。OWZ 于 1997 年成立，其服务对象是来自全世界（主要是中东欧）想在柏林投资和发展的企业，服务内容包括为企业牵线搭桥和协助开拓新市场以及有关企业审批和登记注册咨询等。园区还在 1997 年成立了东西方合作中心，是首个为东西欧企业服务的创业中心。

3. 大园区战略。园区实行的是一种"大园区"战略，不是一个简单的工业园，而是科研和产业相结合的高科技园区，产业重点也不仅仅局限于高技术企业，除去占企业总数约 60% 的高科技企业及研发机构外，传媒业、教育业也相当发达，有约 170 家传媒企业。在近 30 年的发展中，Adlershof 科技园形成了五"城"联动的有机生长模式，分别是以光伏和可再生能源等六大产业研发体系的科技城、洪堡大学科技类院系为主的高教城、以原东德广播电视台为基础的传媒城、柏林创新中心等四大孵化器体系创业城、以建筑节能和能源转型为核心的大都市综合解决方案的柏林州未来城，形成了一整套园区生态系统。在这里，来自不同领域的技能和技术彼此碰撞结合，相互交融，激发新的经济业态，持续巩固园区的发展与繁荣。

4. 产城融合的发展模式。位于德国首都柏林市的东南角的 Adlershof 园区，交通非常便利，同时周边生活（休闲、居住、商业等）资源丰富。比如 Treptow-Köpenick 的 Borrough，它是柏林最大的风景游览区，适合单个或多个家庭落户居住，区域内部购物广场、托儿所、学校、餐厅和运动设施齐全，可以游览 Köpenicker 古城的 Baroque 宫殿和 Treptow 公园，并且有开阔的林地和多个可供游览观赏的湖泊，特别契合德国人的生活习惯。

## 二、我国开发区（园区）的演变历程

1984 年 1 月，邓小平同志视察深圳、珠海、厦门经济特区后提出，"除现在的特区之外，可以再开放几个点，增加几个港口城市，这些地方不叫特区，但可以实行特区的某些政策。"根据这一指示，1984 年 3 月 26 日至 4 月 6 日，中共中央和国务院在北京召开了"沿海部分城市座谈会"。5 月 4 日，中共中央批转"沿海部分城市座谈会纪要"，决定进一步开放沿海 14 个港口城市，并在有条件的地方兴办经济技术开发区，实行经济特区的某些政策。1984—1988 年期间，国务院先后批复了 14 个沿海经济技术开发区，这些开发区成为第一批国家级经济技术开发区（见表 2-1）。

表 2-1　第一批国家级经济技术开发区

| 序号 | 开发区名称 | 批复时间 |
| --- | --- | --- |
| 1 | 大连经济技术开发区 | 1984 年 9 月 |
| 2 | 宁波经济技术开发区 | 1984 年 10 月 |
| 3 | 秦皇岛经济技术开发区 | 1984 年 10 月 |
| 4 | 青岛经济技术开发区 | 1984 年 10 月 |
| 5 | 烟台经济技术开发区 | 1984 年 10 月 |
| 6 | 湛江经济技术开发区 | 1984 年 11 月 |
| 7 | 广州经济技术开发区 | 1984 年 12 月 |
| 8 | 天津经济技术开发区 | 1984 年 12 月 |
| 9 | 连云港经济技术开发区 | 1984 年 12 月 |
| 10 | 南通经济技术开发区 | 1984 年 12 月 |
| 11 | 福州经济技术开发区 | 1985 年 1 月 |
| 12 | 闵行经济技术开发区 | 1986 年 8 月 |
| 13 | 漕河泾经济技术开发区 | 1988 年 6 月 |

资料来源：浙江省商务厅。

经过了 30 多年的发展与演变，开发区逐渐成为中国经济最突出的增长点，并且在适应经济全球化发展和国内经济体制改革方面发挥了巨大的作用。

30 多年的实践证明，"在邓小平同志亲自倡导下，国家决定举办开发区是一项影响深远的战略决策，也是在探索中国特色社会主义道路上进行的一个伟大实践，还是推进国家现代化建设的一大创举，同时更是世界工业化、城镇化发展史上的一大奇迹"。回想往昔，1986 年 8 月 21 日，邓小平同志视察天津开发区并题词"开发区大有希望"。邓小平同志敏锐地洞察到开发区建设活动和经济发展背后包含着生机勃勃的体制机制优势，并且他以政治家的眼光和胸怀，坚信这种体制机制充满活力，符合改革开放和建设现代化国家的要求。所以，应该说开发区大有希望不仅表现在建

浙江省开发区建设 理论与实践探索

42

设成就上，也体现在它的体制机制上。30多年的伟大实践探索，30多年的高速增长，离不开背后开发区体制机制的突破与创新。1984年迄今，经过漫长的发展演变，我国开发区的管理体制逐步形成了三种典型模式：政府主导型、政府参与型、政府服务型。

## （一）政府主导型

开发区的"政府主导型"管理体制是由地方政府授权组织设置的专门的派出机构负责开发区的主要公共事务和经济事务的管理体制。其中最主流开发区的管理体制为开发区管理委员会。比如，2010年之前批准设立的54个经济技术开发区中就有49个如此设置。管理委员会作为所在城市市政府的派出机构（派出机关），代表所在地人民政府对管辖区域内的基础设施建设、土地开发、招商引资、经济管理等经济和必要的相关社会事务实行统一领导、统一管理。它不仅是作为组织机构，而且作为管理机构的一种重要的组织形式，已经被广泛地应用于政府、企业、工厂、经济发展项目管理的重要方面。

开发区内机构设置不与政府部门相互对应，在内部机构设置上，按照精简、统一、高效能的原则，通常行政区政府的七八个职能部门在开发区简化为一个部门。开发区大多设有一级财政，可以组织税收和编制、实施财政预算，在早期起步发展时期实行财政收入全留在开发区，使开发区的建设资金、滚动发展能力得以保证。在政府主导型管理体制下，开发区管委会作为政府的派出机构，地位相对独立，有利于对开发区进行整体规划，而且在管委会的统一领导下，便于职能部门之间的相互协商。从另外一个角度不难发现，也正由于管理委员会相对独立的地位导致其所在地城市政府对其控制力相对较弱，开发区发展初期管委会职能定位还相对模糊，有待完善，这就容易造成管理的混乱，进而影响开发区的长远发展。所以，政府主导型管理体制适用于开发区发展的初期阶段。

浙江省大多数开发区都属于政府主导型管理体制。这里以杭州经济技术开发区为代表。杭州经济技术开发区是1993年4月经国务院批准设立的国家级开发区，是全国唯一集工业园区、高教园区、出口加工区于一体的国家级开发区，委托管理下沙和白杨两个街道，辖区人口约45万人。杭州经济技术开发区是中国唯一的集产业园区、出口加工区、高教园区于一体的国家级开发区，拥有浙江省最大的高教园区。2019 年，位列国家级经开区综合排名全国第 14。2021 年，杭州经济技术开发区地区生产总值首次突破 1200 亿元；规上工业产值历史性突破 3000 亿元大关，工业产值、工业投资双双位列全市第一；数字经济核心产业占 GDP 比重超 10%、高新技术产业投资增长 52%、高技术产业实际利用外资占比超 40%。

### （二）政府参与型

开发区的"政府参与型"管理体制是一种由地方政府的派出机构负责管理开发区的主要公共事务，经济事务和次要的公共事务由综合性公司机构负责管理的体制。可以看成是开发区管委会与所在地的区（政府）交叉融合统筹运作的一种模式。

开发区管委会通过受委托管理、与行政区合并管理等方式，将开发区管理职能和相关资源辐射到周边区域，客观上拓展了开发区的发展空间。采用这种管理模式的开发区主要有大连、烟台、广州、青岛、福州、宁波、杭州、武汉、合肥、长沙、成都等地。从方式来看，这种模式可以细分为以下两种模式："管委会 + 托管乡镇"管理模式；政区合一（行政区 + 开发区）管理模式。

开发区管委会实质上具有管理与开发的双重性质，重在决策、统筹规划，托管乡镇可以来承担诸如基础设施建设等具体的微观事务；在人员配置上，管委会与区委区政府部分领导兼职，下设职能部门统一使用，通常为"两块牌子一套班子""交叉兼职"。

另一种模式可以理解为是政企分离状态的政府参与型管理形式。开发区管委会作为政府的派出机构，其职责重在协调和监督，不直接干预企业的生产经营活动。这种模式源于步入成熟期的开发区面临土地约束和繁重的社会事务，而缺乏相应的执法权限容易造成与传统体制的复归，但在客观上有利于整合开发区周边资源。这种模式的关键和难点在于如何在保障开发区精简高效的体制优势，加快自身发展的同时，通过制度的设计，更好地发挥开发区的辐射带动作用。而在开发区建设之初人、财、物有限的情况下，政府职能与企业功能的分离不利于集中力量办大事。政府参与型管理体制的典型代表为义乌经济技术开发区与宁波经济技术开发区。

义乌经济技术开发区是经国务院批准的国家级经济技术开发区，位于义乌市城区西南。1992年，正式成立并实施首期开发；1994年8月，经浙江省人民政府批准为省级经济开发区；2009年10月，经省政府批准成为全省首批整合提升试点单位，规划整合面积93平方公里；2012年3月，经国务院批准升级为国家级经济技术开发区；2014年10月，经省政府批准实施第二批开发区深化整合提升，深化整合面积达126.72平方公里，其中开发范围约92平方公里，涵盖义乌西南部6个镇街。2020年12月，启动义乌经济技术开发区与义乌信息光电高新技术产业园区的整合提升工作，致力于打造高能级战略平台。义乌经济技术开发区以"建链、补链、强链、延链"为重点，发挥头部企业效应，推进产业链招商，打造新能源光伏、汽车及装备制造和半导体发光三大标志性主导产业集群，着力培育高端芯片、生命健康（医疗器械）两大新兴产业，提升发展时尚产业，联动发展科技服务、商务商贸、健康休闲、文旅等现代服务业，构建群链基地融合发展（3+2+1+X）现代产业体系。

### （三）政府服务型

开发区的"政府服务型"管理体制是由具有法人地位的经济实体（开发总公司）负责管理开发区的主要经济事务和大部分公共事务，地方政府只负责管理重要公共事务的管理体制。

许多开发区为适应市场化改革，多采用自费开发的模式，故大多开发区都成立企业性质的投融资平台——开发公司，但这些公司一般不承担区域的行政管理职能。这里所说的政府服务型指除了执行开发建设任务外还承担部分开发区的管理职能和提供公共服务的情况。政府服务型管理模式的特征有以下几个方面：

1.地方政府不再设有开发区管理委员会为派出机构，关于税务以及社会保障等事务转移由地方政府职能部门负责。该种模式体现出是国外开发区管理模式的中国化。

2.开发总公司除了负责基础设施建设，项目环保等部分公共事务之外，还要负责土地开发，企业管理，项目招商等经济事务。

3. 财务核算按企业标准执行，部分开发区通过土地一次性转让或转移支付享有开发性收益。

政府服务型管理体制可以实现政企完全分离，可以使政府从烦琐的事务中解脱出来，一般适用于发展水平较高的开发区。这种模式还适用于区域功能相对单一、地域面积较小的开发区，该模式也是欧美等主要发达国家普遍采用的开发区管理模式。以浙江省国家级开放区管理体制为例，政府服务型管理体制的典型代表为原宁波大榭开发区（现宁波大榭开发区已交由宁波市属地管理）（见表2-2）。

宁波大榭开发区（原）于1993年3月经国务院批准设立，由中国中信集团公司（CITIC）成片开发，享受国家级经济技术开发区政策。开发区位于中国大陆海岸线中段，浙江省宁波市东部。自1993年以来，开发区基础设施完备，现代化港区和临港能源石化基地的框架已经形成。2019年5月23日，在2019中国化工园区与产业发展论坛上，中国石油和化学工业联合会公布了2019年中国化工园区30强名单，宁波大榭开发区（原）排名第4。经过20多年的发展，这座仅有35.8平方公里的小岛，已经成为浙江省第1个财政收入超百亿的开发区，和全省单位面积投资规模及产出最高的开发区之一。2017年，大榭亩均税收97.1万元/亩，位列全市第2，亩均增加值316.0万元/亩，位列全市第1，全员劳动生产率234.4万元/人，居全市首位。按常住人口计算，人均财政收入35.32万元，人均税收收入34.06万元，分别是上海2018年人均生产总值（GDP）13.50万元的261.6%、252.3%。2018年，完成财政总收入166.01亿元，同比增长18.6%。

表2-2 浙江省国家开发区管理体制类型统计

| 类型 | 开发区名称 | 市级 |
|------|-----------|------|
| 政府服务型 | 宁波大榭开发区（原） | 宁波 |
| 政府参与型 | 宁波经济技术开发区 | 宁波 |
| | 义乌经济技术开发区 | 金华 |

| 类型 | 开发区名称 | 市级 |
|---|---|---|
| 政府主导型 | 温州经济技术开发区 | 温州 |
| | 杭州经济技术开发区 | 杭州 |
| | 萧山经济技术开发区 | 杭州 |
| | 嘉兴经济技术开发区 | 嘉兴 |
| | 湖州经济技术开发区 | 湖州 |
| | 绍兴袍江经济开发区 | 绍兴 |
| | 金华经济技术开发区 | 金华 |
| | 长兴经济技术开发区 | 湖州 |
| | 宁波石化经济技术开发区 | 宁波 |
| | 嘉善经济技术开发区 | 嘉兴 |
| | 衢州经济技术开发区 | 衢州 |
| | 余杭经济技术开发区 | 杭州 |
| | 绍兴柯桥经济开发区 | 绍兴 |
| | 富阳经济技术开发区 | 杭州 |
| | 平湖经济技术开发区 | 嘉兴 |
| | 杭州湾上虞经济技术开发区 | 绍兴 |
| | 慈溪经济开发区 | 宁波 |
| | 丽水经济开发区 | 丽水 |
| | 头门港经济技术开发区 | 台州 |

　　随着浙江省开发区的发展和功能转化, 开发区的管理体制也随之变化, 目前主要呈现从优惠政策竞争逐步转向制度竞争的趋势。过去, 开发区主要靠基础设施条件和优惠政策吸引投资者。目前, 各地开发区的免税政策已经大同小异, 有些地区减免税已经达到8~10年, 甚至实行零地价, 增加政策优惠的余地不大。因此, 近些年来, 开发区间吸引投资的竞争已经

变成制度创新、政府效率、服务体系的竞争。目前，省内几个主要开发区在制度建设和转变政府职能方面开展"比、学、赶、超"的竞争。目前，随着开发区地域扩大，许多地区开始进行开发区内部功能分工，发展专业园区。例如，杭州经济技术开发区分为高校园，医药园等。

以浙江省为例，浙江省开发区管理体制中也存在一些问题：

其一，外部管理层次多，管理机构缺乏权威性。我国开发区目前的组织管理体制基本上是一个自上而下的多级行政系统，一般包括中央、地方和开发区自身三个管理层次。从省级层面来看，如浙江省拥有两类开发区：国家级和省级开发区。中央部委如国家发改委、国家商务部负责国家级开发区的规划、协调等宏观调控职能，省发改委、省外经贸厅负责省级开发区的规划、协调等宏观调控职能。但在实际工作中中央部委对省级开发区也有管理权限，而省级部门也在对国家级开发区进行管理，出现了中央和地方政府对开发区的多重管理层次和机构，而这些管理机构之间又缺少彼此的协调，对开发区的管理未形成清晰的管理权限，从而导致宏观调控职能不能很好的实施。同时，由于各类开发区受到周边地区过分竞争的压力，开始脱离开发区总体规划约束，不断引进一些普通工业项目，甚至是一些制造污染的项目，这样使开发区的总体规划无法得到实现，开发区的优势也没有充分体现出来，并使开发区的个性日益混合，开发区类型的界定日益模糊与困难。

其二，地方政府与经济开发区的关系难以理顺。由于我国对于开发区管委会的性质、地位、权限，一直没有做出明确规定，导致浙江省开发区没有一个明确的模式。对开发区管委会定为什么级别，应赋予多大权力，其机构设置、人员编制和各自职能是什么等问题的决定出自多门，没有统一的规范和立法程序，并出现立法机关（人大）公布的条例与地方政府（如市编委）的文件相矛盾，造成管委会职权不清，运转不顺等困难。由于管委会的性质没有明确的立法界定，因此造成开发区管委会的职能不清，出现管理上的混乱和漏洞。机构设置的确定不是通过立法程序，实施中没有法律制约，随意性很大，给机构膨胀开了一个难以控制的口子。因此地方政府和开发区内部管理机构的关系一直难以理顺。到目前为止，全国还没有一部统一关于经济技术开发区的组织法。

在浙江，同样是省级开发区，但行政级别相差很大，既有正科级的，也有正处级的。在开发区内部究竟应设置什么样的机构，在浙江也很不统一，有的强调与上级部门"对口"设立，有的则强调要从实际出发"以块为主"。因此，浙江开发区机构都不尽相同，带有很强的地方色彩。在许多地方政府的规定中，开发区管委会仅是作为地方政府的"派出机构"，看作是地方政府管理的下属层次，而没有具体明确管委会作为特殊经济区域管理机构的经济性质和特殊的管理职责。至于开发区管委会的权限范围则依据各地具体情况的不同而异，权力大小取决于设置该开发区地方政府的行政级别。管委会地位徘徊于较特殊的经济区域和一般行政区域之间，实际上往往视同为地方政府下属的一般行政区。这种状况导致的直接后果是相当一部分开发区自身管理权限的不足，与上级管理部门之间存在较多的行政层次，因而难以协调好同上级部门和地方之间的关系。

由于开发区管委会受到地方政府以及职能部门的多重管理和束缚，上级部门和地方截留权力致使开发区作为特殊经济区域所应有的权力难以到位，许多问题需要经过层层审批。开发区"一个图章管理，一站式服务"的目标难以顺利实现，项目的引进和运营仍要过重重关卡，在开发区的管理实践中影响了管理的效率。

# 第三节 开发区体制的主要影响因素

## 一、开发区功能定位

国务院办公厅印发的《关于促进开发区改革和创新发展的若干意见》对开发区做出了明确的功能定位：第一，开发区要坚持以产业发展为主，成为本地区制造业、高新技术产业和生产性服务业集聚发展平台，成为实施制造强国战略和创新驱动发展战略的重要载体；第二，开发区要科学规划功能布局，突出生产功能，统筹生活区、商务区、办公区等城市功能建设，促进新型城镇化发展；第三，开发区要继续把优化营商环境作为首要任务，着力为企业投资经营提供优质高效的服务、配套完备的设施、共享便捷的资源，着力推进经济体制改革和政府职能转变。

开发区管理体制与开发区的区划、功能定位有关。目前，我国的开发区区划有三种基本形式：一是独立的新区。在人口稀少的地区开辟一个新区，其主要功能是吸引产业投资，进行经济开发。这种模式通常是老城市的延伸和扩展。通常采取准政府体制，管委会具有相对独立的管理权限，并以经济开发管理职能为主。二是小开发区带动大行政区。在老区内设立开发区，开发区管理部门不仅负责新区经济开发功能，还有管理原有老城区的功能。这种模式主要是以开发区直接带动所在区的城市化，或为开发区留下足够的发展空间。在这种情况下，开发区的管理机构不论是采取行政区管理体制，还是准政府体制，实际上是兼有开发区与行政区职能，有的地区采取一班人马两块牌子。三是开发区和老城区为一体的无边界园区。如杭州高技术开发区的主区块等。这种模式通常是为了利用原有基础设施，特别是依托大学和科学院所的科技力量兴办高科技企业，促进科技成果转化，形成一个区域性孵化器。在这种情况下，开发区的管理机构要服从区、市双重领导，其职能主要是提供服务。

## 二、改革因素

除了经济开发和产业布局功能以外，我国相当一部分开发区还承担着体制改革和机制创新的试点功能。开发区在改革开放、转换政府职能和建立市场经济机制试点方面发挥了积极作用。例如，在改革开放初期，深圳特区在转变政府职能，精简机构，用人机制改革等方面起示范作用；北京的《中关村科技园区条例》在制度创新方面有所突破；苏州工业园区在社会保障体制、人力资源管理和住房公积金等方面借鉴新加坡经验，进行制度创新。

开发区的发展需要适配的体制与机制，当开发区发展到一定阶段时，会累积许多的问题、弊端和制约因素。这些掣肘在阻碍开发区进一步发展的同时，也往往会成为促进改革的动力。穷则思变，变则通，通则久。开发区原有的体制机制活力不足、动力不强，是制约开发区发展的最大瓶颈。

基于此，开发区的改革应该着力破除行政化运作模式，致力解决行政效率低下、活力不足的主要问题，围绕"企业化管理、市场化运作、专业化服务"的目标要求，推动开发区开展一系列改革，在园区一体化发展、引入社会资本参与园区建设、市场化招商、人事薪酬改革等方面。

开发区的管理体制与地区的经济体制改革有关。当行政区的管理体制与市场经济接轨程度越高，开发区管理机构的政府行政职能就越弱化，机构层次就越少。例如，深圳是特区，特区的行政管理体制改革和优惠政策都优先于其他地区。深圳兴办高新技术产业开发区的目的不是为了实行优惠政策，而是创造高新技术开发区品牌，提高入区企业的素质，提升地区产业结构。因此，深圳高新技术开发区的管理体制有两个特点，一是区内区外统一政策，深圳特区政策适用于高新技术产业开发区。企业进驻开发区，不仅是因为开发区的位置和设施较好，更重要的是为了获得高新技术产业开发区企业的无形品牌。二是高新技术产业开发区管理中心没有项目审批权，批租土地、审批项目都是由深圳市相关行政主管部门负责。管理中心的主要职能是规划、协调和监督检查政策落实情况，为企业提供服务。

## 三、政府行政分权

开发区管理体制涉及事权划分和人员安排，存在条块分权两方面问题。首先是地区内部分权问题。独立新区具有相对独立性，相当于新设个地区管理部门，通常是扩大授权经营。在开发区和行政区双重管理（在老行政区中设开发区）的情况下，存在一个开发区管理机构与当地同级政府分权的问题，通常开发区管理是虚，行政区管理是实，财权和人权都在行政区手中，有些改革措施和政策因触动了行政部门的已有权力和利益，难以落实。其次是中央和地方分权问题。由于有些部门实行垂直管理，开发区的一些制度和体制创新需要经过有关部门核准，否则难以实施。

## 四、财税体制

现行税收体制是当前影响开发区发展与布局的一个重要因素。在现行中央与地方层层分税的体制下，各市、区县，甚至乡镇政府都通过建设各类开发区来吸引投资，增加当地政府的可支配收入。因此，出现了各地争办开发区，盲目优惠的现象。在优惠政策的诱导下，有些企业追求短期目标，造成社会资源配置扭曲和浪费。开发区的管理体制也在很大程度上受财政体制的影响。目前，开发区管理机构的收入功能有两类：一类是有财税收入功能。开发区管理管委会作为一级管理和服务部门，可获得开发区企业的税收分成，用来进行开发区的建设和发展。现有的大部分新开独立开发区采取这种形式。另一类是没有财税收入。开发区管理机构或开发公司不能从企业的税收中提取留成，税收收入归所在地政府。

第三章

浙江省开发区的基本情况

# 第一节　浙江省开发区的发展历程与困境

改革开放四十四年来，在浙江经济腾飞的进程中，开发区一直扮演着对外开放主阵地、经济发展的主引擎等角色。新时代，浙江开发区站在新起点上，将承担新的使命，开发区建设要以"一带一路"为统领，实现"一致力、两引领、三高地"，在体制机制、发展环境、管理制度等方面不断改革创新。

## 一、发展历程

### （一）探索发展阶段（1984—1991年）

1984年1月，邓小平同志在视察深圳、珠海、厦门经济特区后提出："除现在的特区之外，可以再开放几个点，增加几个港口城市，这些地方不叫特区，但可以实行特区的某些政策。"根据邓小平同志的指示，1984年3月，国务院决定进一步开放14个沿海港口城市，并在有条件的地方兴办经济技术开发区，实行经济特区的某些政策。1984年10月，国务院批准设立宁波经济技术开发区，这是浙江省首个国家级经济技术开发区。1990年，省政府批准成立杭州钱江外商台商投资区，这是浙江省最早设立的省级经济开发区，规划面积为140平方公里。

这一阶段，浙江开发区处于探索发展阶段。截至1991年底，全省开发区共有3家，包括2家国家级开发区（宁波经济技术开发区、杭州高新技术产业开发区）和1家省级经济开发区（杭州钱江外商台商投资区）。

## （二）加快推进阶段（1992—2002 年）

1992 年邓小平南方视察谈话后，全国掀起了对外开放的新一轮高潮。浙江省委、省政府作出进一步加快改革开放和经济发展的决定，提出了拓展对外开放格局、提高对外开放程度的重大举措，加快推进浙江开发区建设。1992 年 11 月，宁波保税区获批成立，成为浙江省首家海关特殊监管区域。1993 年，省政府下发了《关于认真清理各类开发区的通知》，对全省各类开发区进行了清理核查，共清理各类自办开发区 67 个，继续保留开发区 32 个。清理核查后，1993—1994 年，省政府分三批共批准新设了嘉兴、湖州、富阳富春江、桐庐等 49 家省级经济开发区。国务院也先后批准设立温州、宁波大榭、杭州、萧山等经济技术开发区。

至 2002 年，以开发区为主的开放平台进一步加快发展。全省省级以上开发区达到 62 个，开发区建设面积扩大到 481 平方公里，对全省产业集聚、结构调整、经济发展、体制创新的示范、辐射和带动作用进一步增强。2002 年，开发区实际使用外资占比达到 58%，共实现工业总产值 2590 亿元，是 1997 年的 2.3 倍，年均增长 27%，工业增加值占全省的 15.9%。开发区成为全省吸收外商投资最为集中、经济增长最为快速的区域。

## （三）整合提升阶段（2003—2019 年）

2003 年，浙江省贯彻落实国务院《关于清理整顿各类开发区加强建设用地管理的通知》和《关于加大工作力度进一步治理整顿土地市场秩序的紧急通知》精神，省政府下发《关于切实做好开发区（园区）整顿规范工作的通知》，部署开展了对各类开发区的清理整顿工作。经清理整顿，全省 758 家各类开发区（园区）撤销 624 家，保留 134 家。至 2007 年底，全省共有各类国家级开发区 13 家、省级开发区 57 家（不包含省级工业园区、高新园区、特色园区）。

为进一步提升开发区发展水平，2008 年起，全省开发区围绕拓展发展空间、创新体制机制、提升产业层次三个重点，先后开展了三轮开发区整合提升工作。

第一轮：从 2008 年到 2012 年。应对全球金融危机，优化开发区空间资源。受全球金融危机冲击，浙江省开发区在产业转型升级过程中面临发展空间制约的背景下，开展了以优化空间为核心的第一轮整合提升工作，积极探索空间集约发展新路径。全省66家开发区开展了整合提升，原则上以国家级、省级开发区为主体，对同一行政区域内、区块相邻的开发区，进行整合优化提升；对省级以下各类"低、小、散"园区，加快整合或予以退出。

第二轮：从2013年到2014年。推动区域联动发展，注重体制机制融合。2013年2月，时任省委书记夏宝龙提出："高起点地规划开发区建设，高标准地推进开发区整合提升。"全省开展了更加注重核心区和辐射带动区块联动发展与体制机制融合的第二轮开发区整合提升工作，对象是全省33家开发区。在第一轮整合周边园区基础上，开发区积极做强做优核心区块，优化整合周边功能区块，形成核心区与辐射带动区共建共享、联动发展；积极整合落实开发区管理体制和运行机制，精简管理机构，理顺利益分配机制，以做强特色主导产业带动做强平台。

第三轮：从2015—2019年，注重体制机制创新，服务国家战略大局。第三轮开发区整合提升充分吸收了前两轮整合提升工作经验，重在"提升"，以创新体制机制为突破口，以打造统一规划、统一招商、产业集群的大平台为目标，建立统分结合的领导管理体制和高效便捷的工作运行机制；积极服务国家战略大局，推动开发区融入"一带一路"倡议，复制推广自贸试验区试点经验，推进最多跑一次改革。

开发区整合提升取得显著成效。开发区发展理念发生重大转变，主要经济指标全面增长，平台能级进一步提升，开发区发展质量得到实质性提升，开发区产城融合进一步加速。

### （四）创新发展阶段（2020年至今）

创新作为国家竞争力的核心，历来是各级政府积极推动高端制造、发展"智造强国"的战略重点和中心工作。企业是创新的主体，研究表明，积极推动各级政府创新管理体制改革和出台配套优惠政策支持措施，可以大大提升企业研发创新资金投入和未来创新发展意愿。对此，浙江省为提高企业创新能力推出了一系列政策措施，如减税降费和高新企业技术认定政策,释放了企业创新活力。设立开发区为企业营造了良好的营商环境,"互联网＋政务服务"优化了创新软环境。但是,企业所面临的创新发展压力有较大差异,对政策措施的敏感性也有诸多不同,如开发区设立对企业创新绩效的影响与开发区所属级别、企业生命周期以及行业要素资源密集度的异质性有关。

随着我国经济的快速健康发展和现代工业化的不断深入,设立开发区已经成为各级地方政府引导区域内要素资源集聚、拉动地方经济稳步增长的重要区域经济举措。开发区作为地方技术、创新、人才、资金等多种战略要素资源聚集地及优势产业融合发展的平台,持续吸引外部资金的大量流入,发挥了区域政策的乘数效应,已成为推动我国地方经济增长的重要引擎。

各类开放平台建设不断推进,开发区规模和发展效益均有所提升,有力推动浙江对外开放再上新台阶。在创新发展阶段,平湖经济开发区、上虞经济开发区、慈溪经济开发区、丽水经济开发区成功升格为国家级经济技术开发区,金义综保区获批设立。新一轮整合提升后,浙江省开发区(园区)总数整合为 134 家。截至目前,浙江省共有经济开发区 91 家,其中,国家级经济技术开发区 22 家,省级经济开发区 69 家。此外,还有海关特殊监管区 12 家,参照浙江省级经济开发区管理单位 8 家,拟筹建浙江省级经济开发区 13 家,基本形成了层次分明、布局合理、类型多样的区域开放平台的新格局。

## 二、发展困境

我国经济开发区发展最快的两个黄金阶段与邓小平同志南方视察谈话和成功入世后掀起的两轮发展高潮高度吻合。过去三十多年,经济开发区实行管理体制优势主导下的投资推动发展模式,紧扣引进外资和培育产业两项核心工作,实现了经济实力和产业规模的快速增强和放大。随着国际国内环境发生深刻复杂变化,开发区原有发展模式赖以生存的土壤不复存在,改革开放排头兵的地位和作用弱化,体制机制创新、招商选资、产业转型升级等多领域问题和矛盾频现,发展面临困境,亟须理清实现转型升级、创新发展的逻辑与路径。

## （一）城镇化进程中社会治理能力提升滞后，管理体制优势弱化

我国绝大多数开发区成立之初，由地方人民代表大会和政府特别授权，组建成立开发区管理委员会，代表市政府管理开发区。管委会作为市政府派出机构，其主要职能是经济开发规划和管理，为入区企业提供服务，并拥有一定的行政审批职能。

政府的管委会模式是我国大多数开发区采用的主流管理体制，浙江杭州经济技术开发区、宁波经济技术开发区、萧山经济技术开发区等国家级开发区从成立至今一直采用这种管理模式，其具有机构简、人员精、包袱轻和效率高等优点，曾有力地促进了开发区的快速发展。然而，随着开发区功能趋于多元化，并向综合新城区演变过程中，政府管委会模式的弊端日趋显现。

一是法律地位不明，行政体制波动较大。中央仅以文件形式赋予管委会经济管理职能，而《开发区管理条例》的规定与现行法律法规相冲突，管委会的性质和地位始终未从法律上予以明确，极易造成开发区行政体制的波动。二是综合协调管理权力缺乏，地区空间联系较弱。管委会不是一级政府，对开发区的工商、税务、海关等垂直管理部门缺乏直接管理权，影响行政效率。同时，综合协调管理权力的缺乏，在一定程度上弱化了开发区和周边地区的联系。三是管委会模式在城镇化进程中社会治理能力提升滞后，因社会事务增加而向行政区体制靠拢，机构人员膨胀，以"小政府大社会"精干编制著称的体制优势逐渐褪色，其短期内拥有的超前性、权宜性的制度优势常常演变成中长期的制度缺陷。

## （二）政策普惠化后续创新活力不足，新型开放平台"挤出效应"明显

过去三十多年，开发区是改革开放的成功实践，以体制和政策突破实现"以土地换资本""以空间换发展"的快速推进，完成了城市资本积累的重要使命，其体制机制和发展模式得到广泛认可与复制，亲商、安商、便商的政策和经验也从各开发区之间的机械复制转为在全国范围内复制推

广，开发区政策普惠化带来的领先幅度大幅缩小。与建区初期相比，开发区后续改革创新活力明显不足，近年来，在国家大力推进的综合配套改革中，开发区鲜有作为。

同时，随着全面扩大开放战略的深入实施，国家大力推行"自由贸易试验区""新区""跨境电商综合试验区""特色小镇"等新型开放平台建设，相较于新型开放平台，尤其是自贸试验区，开发区改革创新政策空间有限，在金融、海关、国际结算等关键领域的改革上甚至处于跟进和学习借鉴的地位。

### （三）高端要素集聚不足，产业转型升级受限

自开发区设立以来，招引外资和产业培育一直是核心工作，尤其是突出工业资本积累，成为外商投资最密集和制造业行业集中度最高的地方。而在工业资本粗放增长过程中，开发区在国际分工体系中处于加工制造环节的地位没有发生实质性改变，研发设计、营销、结算等高端环节的产业要素集聚有限，科技创新对开发区产业发展的实际贡献不大。

目前，全球经济下行，需求疲软，粗放增长模式弊端频现，面临转型压力，开发区必须从增加资本投入向提高全要素生产率转变，即从投资推动阶段步入创新主导阶段。相较于厂房、设备、水、电、气、路等传统基础设施建设，技术研发平台、知识和信息共享平台、科技成果转化平台、科技金融服务平台等区域创新服务平台尚未成为开发区产业转型升级的重要依托。作为开发区步入创新主导阶段最重要的基础设施，打造创新支持系统也尚未成为开发区发展的基础性、先导性和战略性工作。

### （四）城市配套功能不足，招商竞争乏力

过去三十多年，开发区突破体制藩篱和城市框架，在特殊政策供给下，迅速实现低成本工业化。相较于工业基础设施的高标准建设，开发区内与生活有关的居住、医疗、教育、购物、游憩等具备城市服务功能的设施建设，通常只维持在最低保障水平，而国际社区、外籍子女学校、国际医疗机构等，律师、公证、会计、审计、经纪、评估、咨询等门类齐全、符合国际规范的中介机构，开放、高效的物流信息平台等更是匮乏。

目前，国内外产业项目投资，尤其是高端产业资本的区位选择导向发生较大变化。在国际上，发达国家"再工业化"对国际投资格局产生重大影响，印尼、泰国、越南等东南亚国家"成本洼地"效应开始显现。国内，对地方政府来说，"营商环境就是生产力"，而其中，高标准、高水平的城市服务配套能力已经成为营商环境评估的重要因素。

### （五）空间扩张遭遇资源瓶颈，永续性膨胀难以为继

改革开放以来，开发区是稀缺的投资环境，寻求的是非平衡发展策略。开发区划定成为地方经济发展的重大机遇，从而引发开发区热。受扩大政策性收益动机和税收偏好驱使，许多开发区在完成了初设时规划区域的开发区建设任务后，千方百计对开发区进行扩容。一些地方甚至随意圈占大量耕地和违法出让、转让土地，越权出台优惠政策，导致开发区过多过滥，明显超出了实际需要。国家先后于1993年、2003年两次对开发区进行大规模清理整顿。

浙江素有"七山一水二分田"之说，是资源小省，土地资源尤缺。在开发区高速发展的同时，开发区内部和周边区域的土地、水、矿产等自然资源也被大量消耗了。目前，"以土地换资本"的时代已经完结，浙江省多数开发区空间扩张遭遇资源瓶颈，永续性膨胀难以为继。

# 第二节 浙江省开发区的发展成效

开发区建设是改革开放的成功实践。三十多年来，作为对外开放主阵地，开发区对促进体制改革、改善营商环境、引导产业集聚、发展开放型经济、推动城镇化进程等方面发挥了不可替代的作用。

## 一、开发区成为全省经济增长的主要拉动力量

改革开放前三十年，开发区一直是浙江经济增长的主引擎。2016

年，有效投资方面，实现限额以上固定资产投资 12484.1 亿元，同比增长 10.6%，占全省的 42.3%，其中基础设施投资 3180.6 亿元，同比增长 31.4%，占全省的 34.0%；企业技术改造投入 4719.6 亿元，占全省的 66.4%，技改投入率 37.8%。开发区土地投入产出效益逐年提高，有效投资继续扩大，不断提升营商环境，积极推进项目落地，改造提升传统产业。在规模以上工业方面，全省开发区规模以上工业企业 2.2 万家，占全省数量 55.0%，在规上工业增加值 9091.2 亿元，占全省 65.0%，同比增长 12.3%，其中有 15 家开发区规模以上工业值超千亿，宁波、嘉兴开发区产值超 2000 亿，杭州经济技术开发区接近 2000 亿，成为浙江省工业经济重要承载平台，占全省规模以上工业六成半。在财税收入方面，实现财政总收入 3178.7 亿元，占全省财政收入 34.5%，7 家开发区税收收入超 100 亿，成为浙江省的重要财政来源。

## 二、开发区成为对外开放的主阵地

开发区设立伊始，就肩负扩大开放使命。发展方针从建区之初的"三为主"，先后调整为"三为主一致力""三为主二致力一促进""三并重二致力一促进"（先进制造业与现代服务业并重，利用境外投资与境内投资并重，经济发展与社会和谐并重，致力于提高发展质量和水平，致力于增强体制机制活力，促进国家级经济技术开发区向以产业为主导的多功能综合性区域转变），再到 2014 年国务院提出的"三个成为四个转变"，开发区每一阶段的发展方针，都反映出了不同时期中国经济发展的战略方向，包含对开发区作为对外开放主阵地的功能要求：从"以利用外资为主、以出口创汇为主"到"以提高吸收外资质量为主，以优化出口结构为主"，再到"成为构建开放型经济新体制和培育吸引外资新优势的排头兵"。

数据显示，浙江经济开发区 2020 年全年实现利用外资 94.16 亿美元，同比增长 6.28%，占浙江全省的 59.65%。其中，国家级经济技术开发区实现利用外资 65.71 亿美元，占浙江全省经开区的 69.79%。在外贸方面，浙江经济开发区实现进出口总额 2722.59 亿美元，同比增长 12.21%，占浙江全省的 52.35%。其中，国家级经济技术开发区实现 1540.35 亿美元，占浙江全省经开区的 56.58%。2020 年度，浙江经济开发区单体规模继续提升，规上工业增加值在浙江全省占比突破七成。据悉，2020 年浙江经济开发区规模以上的工业总产值达 55334.56 亿元人民币，同比增长 10.24%；规模以上的工业增加值达 12374.91 亿元人民币，同比增长 12%，占浙江全省的 74.04%。此外在税收方面，2020 年度浙江经济开发区实现税收收入 5103.33 亿元人民币，同比增长 8.74%，占浙江全省的 40.32%。其中，国家级经济技术开发区税收收入达 3105.74 亿元人民币，占浙江全省经开区的 60.86%。2021 年，全省经济开发区实际使用外资实现 91.97 亿美元，同比增长 3.59%，占全省实际使用外资的 50.14%。其中，国家级经济技术开发区实际使用外资 64.87 亿美元，同比增长 5.82%，占全省经济开发区的 70.53%。开发区拥有长期开展国际经贸合作的丰富经验，最有基础在我国"以对外开放的主动赢得经济发展和国际竞争的主动，在开放促改革、促发展、促创新"的进程中先行一步。浙江省开发区要继续发挥对外开放主阵地作用，积极吸纳国际高端要素，打造高质量外资集聚地，成为全省高水平参与国际竞争与合作的样板。

## 三、开发区成为体制改革的先行区和示范区

三十多年来，开发区一直以来都是体制改革的先行区和示范区。开发区坚持解放思想、实事求是的思想路线，以敢为天下先的勇气，大力推进体制机制改革，破除制度"瓶颈"，始终是我国深化改革的探路者。开发区在我国最早建立了社会保险制度，最早尝试了国有土地有偿使用办法，最早实施了事权集中、机构精简的管委会"准政府"管理体制，最早推行了"一站式、一条龙"的"行政审批中心"服务模式等；开发区还形成了有别于普通行政区的亲商、高效、规范运作的"小环境"，成为社会主义市场经济体制建设的排头兵。近年来，开发区以"最多跑一次改革"为牵引，推行国际贸易"单一窗口"建设，进一步提高贸易便利化水平，在全国首推"1+N+X"多证合一、证照联办商事登记制度改革。

未来，开发区在体制改革创新方面还要继续发挥示范作用，包括保持管委会体制"小政府""大部制""精简高效"的传统，持续提高行政效能；

率先推进关键领域"深水区"改革，破除制度障碍，释放改革红利；积极跟进和复制自贸试验区、自创区政策创新举措，结合自身实际推动单项政策突破，重塑政策优势；推进开发区建设和运营模式创新等。

## 四、开发区成为城镇化进程的重要推动力

开发区发展至今，产业与城市走向融合发展的态势日益明显。所谓产城融合，是指产业与城市融合发展，以城市为基础，承载产业空间和发展产业经济，以产业为保障，驱动城市更新和完善服务配套。目前，国内大多数国家级经济技术开发区通过逐步推进产城融合，已经从最初的工业"孤岛"转变为宜居宜业的新城。浙江省杭州经济技术开发区的功能定位已由单一的工业园区开始向集工业园区、高教园区、杭州副城为一体的综合性现代化新城转变。

立足于已有的城市发展成果，杭州经济技术开发区将着力打造一流的创业创新港湾、高端智造基地、开放合作高地等三大特色，构筑一流生态宜居环境、特色人文景观风貌、现代化城市治理体系等三大支撑，走出一条"产业高端化、副城品质化、空间集约化、治理现代化"的产城融合发展之路，力争把开发区建设成为独具韵味、魅力彰显的美丽智慧副城。

未来，开发区作为城镇化推动力的基因特征要更明显，继续成为推进城镇化进程的重要载体，城市功能和空间结构演化的主要驱动力。

## 五、开发区成为区域经济的增长极

改革开放初期，开发区白手起家，发展基础薄弱，建设资金短缺。在"一次创业"时期，开发区探索出具有中国特色的"资金大循环"基础设施建设模式，具备了加速发展的物质基础。在"二次创业"时期，开发区以产业为重点，走出了一条工业强区和城市发展两轮驱动发展的新路子。目前，在"三次创业"过程中，开发区始终坚持以产业发展为基石，从最初的"以发展工业为主"到"以发展现代制造业为主，致力于发展高新技术产业，致力于发展高附加值服务业"。开发区敏锐把握国内外产业发展的新动态

和产业转移的新趋势，成了电子信息、高端装备、生物医药、新能源新材料等先进制造业集聚发展的主要载体；率先探索绿色、集约发展模式，主导产业的技术含量、经济效益，单位产出的资源消耗、污染排放、土地占用等方面的指标远远低于区域平均水平，部分指标达到了世界先进水平，成了走新型工业化道路的示范区；依托制造业发展基础，大力引进研发、检测、营销、服务等领域的优质项目资源，率先向"微笑曲线"的两端延伸，成了高端生产性服务业发展最活跃的地区。

21 世纪以来，开发区实现了全省 1/3 以上的工业增加值。"十二五"期间，全省开发区实现规模以上的工业增加值 3.3 万亿元，年均增幅达到 11.2%。2020 年全省经济开发区规模以上的工业总产值实现 55334.56 亿元，较 2019 年度增长 10.24%；规模以上的工业增加值实现 12374.91 亿元，较 2019 年度增长 12.00%，占全省的 74.04%。疫情后复工复产效果显著，千亿级规模以上的工业总产值开发区突破 19 个，其中，宁波经济技术开发区突破 3000 亿元产值。

## 六、开发区的其他发展成效

"十三五"期间，浙江省经济开发区始终坚持扩大开放，外向型经济指标画出"一路上扬"的漂亮曲线；始终坚持创新发展，主导产业更加集聚，新兴产业更加高能；始终坚持服务至上，以"最多跑一次"改革为引领，市场化、法治化、国际化营商环境持续提升。

### （一）开发区队伍不断壮大，整合提升效果显现

"十三五"期间，浙江省经济开发区数量较"十二五"末增加 16 家，共有各类经济开发区 103 家，其中国家级经济技术开发区 21 家、海关特殊监管合作区 11 家、省级经济开发区 62 家、参照省级经济开发区管理单位 8 家。五年来，全省经济开发区深化整合提升，生产要素向开发区集聚，向高质量项目倾斜，经济指标稳步提升，基本形成了层次分明、布局合理、类型多样的区域开放平台新格局。

## （二）综合实力稳步提升，经济贡献不断增长

"十三五"期间，浙江省经济开发区各项经济指标均呈现增长态势。五年累计实现实际使用外资485.66亿美元、进出口总额10838.49亿美元、规模以上的工业增加值51639.13亿元，较"十二五"分别增长28.75%、42.69%、55.97%，年均增长率分别为5.75%、8.54%、11.19%。五年来，浙江省经济开发区主要经济指标占全省的比重逐年增加，对浙江省经济增长贡献率明显提升。实际使用外资、进出口总额和工业增加值占浙江省的比重分别从"十二五"末的52.2%、47.5%和65.0%，提高到"十三五"末的59.65%、52.35%和74.04%。

## （三）多项创新工作在全国复制推广

一是首创开发区产业链"链长制"。"链长制"在应对中美经贸摩擦和抗击新冠疫情推动复工复产中发挥了重要作用，被商务部作为典型创新案例，在全国20多个省市复制推广。二是持续推进国际产业合作园建设。"打造国际产业合作园"被列为浙江经济转型升级组合拳之一，并作为一类目标被写入政府工作报告。浙江省先后出台《浙江省人民政府办公厅关于加快国际产业合作园发展的指导意见》《浙江省国际产业合作园综合评价暂行办法》，支持国际产业合作园打造成为全省高质量外资的集聚地。三是大力推进自贸试验区联动创新区工作。充分利用自贸试验区产业发展和制度创新优势，推进自贸试验区与重点开放平台优势叠加、联动创新、协同发展，自贸试验区联动创新区已实现全省地市全覆盖。四是打响美丽园区建设品牌。按照"三生融合""四位一体"理念和"六化"标准，建设一批具有国际竞争力的现代化美丽园区，打响"美丽中国、美丽浙江、美丽园区"建设品牌。

新时期，开发区依托自身高技术、高效益的高端产业相对集中和优化产业结构、提升产业能级起点高的优势，最有条件在转变发展方式，在新型工业化道路上走在前列。浙江省开发区要紧扣"实体经济"发展，把推动主导行业和支柱产业的规模放大和效益提升作为第一要务，持续打造成为带动地区经济发展和实施区域发展战略的重要载体。

1986 年，邓小平同志题词"开发区大有希望"。改革开放 40 多年来，开发区与时俱进，成了我国社会主义市场经济建设的一支重要力量。今后，开发区作为改革开放的产物、体制改革先行区示范区、对外开放主阵地、区域经济增长极和城镇化重要推动力，这些"基因"仍然保留着，需要继承创新。未来，浙江省开发区要认真落实党中央、国务院决策部署，紧紧围绕统筹推进"五位一体"总体布局和协调推进"四个全面"战略布局，牢固树立创新、协调、绿色、开放、共享的发展理念，加快转型升级，力争成为新型工业化发展的引领区、高水平营商环境的示范区、"大众创业、万众创新"的集聚区、开放型经济和体制创新的先行区，推进供给侧结构性改革，形成经济增长的新动力。

# 第三节　浙江省开发区的实践经验

三十多年来，浙江省开发区从无到有，从小到大，逐步走向成熟，成为浙江改革开放的重要抓手和标志性成就，在发展历程中积累了宝贵经验，成为未来浙江省开发区创新发展的积极因素。

## 一、勇于担当改革试验田的战略任务

开发区作为浙江经济和社会改革的先行者，不断承载更加综合的经济功能、社会职能，大胆地进行体制机制上的不断创新，在改革开放中发挥重要的窗口、示范、辐射和带动作用。各开发区逐步建立起了符合市场经济要求的开发模式与精简高效的管理模式，在规划引导、依法行政、土地开发、基础设施建设、经济管理、投融资、人才管理等领域建立健全了市场化运行机制，形成市场经济条件下"小政府、大社会"的新型管理体制与运行模式，较好推动了开发区成为吸引有效投资和浙商回归的热土和聚集地。

## 二、主动承担国家和全省的战略使命

改革开放之初，开发区作为浙江对外开放的战略平台，引进外资的主阵地，充分运用国家赋予的优惠政策，大力推进招商引资，积极主动参与国际产业分工和国际竞争，实现了初期的跨越发展。入世以后，浙江开发区在浙江海洋经济发展示范区、义乌国际贸易改革综合试验区、中国（杭州）跨境电子商务综合试验区等诸多国家战略中均起到开路先锋和主力军的作用，在浙江实施国家"四大战略"的区域范围内，集中了浙江100%的海关特殊监管区、79%的国家级开发和58%的省级开发区。浙江国家级和省级开发区多年来建设发展所形成的完善基础设施、良好投资环境和综合竞争优势，为实施国家战略举措，提供了实实在在的平台支撑。

## 三、新发展理念实现产业转型升级

开发区秉承创新发展理念，以"政府主导、市场参与"为原则，不断进行科技创新和制度创新，着力完成产业转型升级的重任。积极开展"四换三名"工程，探索创建了37个"开发区特色品牌园区"和15个"外商投资新兴产业示范基地"。大力推进产业结构调整，着力发展新经济新业态，在部分开发区汽车制造、医药制造等新兴产业已经逐步取代纺织服装等传统制造业成为主导产业，初步形成了层次递进、特色鲜明、集聚高效的产业格局。2021年，在浙江省产业发展方面，规模以上的工业增加值增长12.9%，高技术产业、战略性新兴产业增加值分别增长17.1%、17%，规模以上的工业亩均税收增长16.3%，数字经济核心产业增加值增长20%。

## 四、坚持融入全球化发展的开放导向

浙江开发区自成立那天起，就始终坚持以开放为导向，成为浙江省对外开放的主战场。全省开发区抓住经济全球化带来的机遇，利用国内、国外两种资源，连接国际、国内两个市场，深层次地参与国际产业分工合作，不断提升国际竞争力。尤其是"十二五"时期积极搭建国际产业合作平台，全力推进开发区国际化、品牌化发展，先后创建了12家国际产业合作园。全省11个地市中已有9个拥有了国家级经济技术开发区，舟山市有舟山综合保税港区平台。大力拓展与欧美等发达国家、"一带一路"沿线国家和地区的合作。着力引进高附加值、低能耗的高端产业，打造产业价值链高端领地，推动投资链条向产业价值链"微笑曲线"两端延伸，形成了若干跨国企业和高新产业的聚集区域。

### 五、坚持以产城融合为重点的绿色协调发展理念

浙江省开发区在建设和发展历程中深入贯彻习近平总书记提出的"八八战略"和"绿水青山就是金山银山"理念，逐步摒弃粗放式、低水平的重复建设，在扩大发展规模、提升发展速度的基础上，不断提高经济效益和质量，实现集约化发展。开发区强化产业规划、注重产城融合，推动循环经济低碳发展，统筹推进区域绿色增长、节能减排和生态环保建设工作。"十二五"时期，浙江省获绿色企业称号的规模以上的工业企业达到442家。尤其是产城融合方面，浙江省开发区充分发挥要素集聚功能，推动产业与城市融合发展，成为浙江城镇化进程的重要推动力量，成为新型城镇化建设尤其是"特色小镇"建设的示范区、先导区。与此同时，开发区以良好的创业就业环境吸引了大批专业技术人员和庞大从业人群，不但为产业发展提供了人力支撑，而且为城市经济发展注入了内在需求，有效提升了城市的经济规模和综合实力。

# 第四节  浙江省开发区的新使命与新思路

## 一、浙江省开发区的新使命

按照以"一带一路"统领新一轮对外开放的要求，浙江省开发区站在历史新方位，承担着新的历史使命。

一方面，开发区作为浙江产业升级的"主战场"，承担着推动全省产业转型升级、发展实体经济，打造外向型产业集群的新使命。开发区的本质是产业，从产业开发到集聚再到产城融合。开发区是产业发展主平台，定位是成为新型工业化发展的引领区、高水平营商环境的示范区、大众创业万众创新的集聚区、开放型经济和体制创新的先行区。通过改革开放、创新驱动、绿色发展、集约发展等，形成数个产值超千亿的开发区，数个具有全球影响力的外向型产业集群，数个领跑"中国制造2025"的产业链，为振兴实体经济提供平台支撑。

另一方面，国际产业合作园是浙江制造的"撬动点"，承担着推动国际先进技术、高端制造业项目落地，撬动浙江制造升级、提升经济国际化水平的新使命。国际产业合作园作为园中园，是浙江省经济转型升级的组合拳之一，也是产业升级的新载体，现已形成"4+11+N"园区布局。按照"政府引导、市场运作、以我为主、互惠共赢"的原则，瞄准特定国别和地区，形成20家左右开放程度高研发创新能力强国际交流畅的国际产业合作园。通过国际高端合作，推动产业结构迈向中高端水平，提升浙江制造在全球价值链中的地位，把国际产业合作园打造成浙江省经济国际化水平最高的区域。

## 二、浙江省开发区的新思路

面对新形势、新使命、新起点，要以"一带一路"统领开发平台建设，要实现"一致力、两引领、三高地"：致力于推动经济转型升级，服务落实国家战略；坚持开放引领、创新引领；加快建设制度高度、产业高地、共享高地。

——"一致力"：致力于推动经济转型升级，服务落实国家战略。要以"一带一路"为统领，通过对外开放集聚国际高端要素，打造高层次参与国际竞争与合作的样板，致力于推动全省经济转型升级。

——"两引领"：开放引领、创新引领。开放平台的最大特色就是对外开放，最大的使命就是创新。开放平台必须突出特色，肩负使命，始终坚持开放、创新两大发展理念不动摇，引领平台发展。

——"三高地"：制度高地、共享高地、产业高地。充分发挥开放平台创新优势，以自贸试验区为龙头，创新、复制推广国际投资贸易通行规则，建设制度高地。要把各类开放平台的制度创新在全省复制推广，实现共享；发展成果要与当地群众共享；各类开放资源要共享，实现从"单兵作战"向"集团作战"转变。要整合全球资源，为浙江建成一批世界级的产业集群，并为浙江产业在全球价值链中谋求中高端地位，建设产业高地。

根据"一致力、两引领、三高地"发展纲领，基于各类开放平台之间的关系和战略定位，要积极优化集成各类开放平台，推动平台联动发展，形成合力，为浙江经济转型升级做出贡献。其中，浙江开发区重点要做好以下几项工作。

### （一）以特色小镇发展理念促进开发区转型升级

特色小镇建设注重"质"的提升，开发区是全省经济发展主平台，经过三十多年的发展，在规模"量"上远远领先其他类型平台。特色小镇发展理念符合开发区稳量增质的需要，要以特色小镇理念，提升开发区发展质量，形成"产、城、人、文"四位一体有机结合的重要功能平台。要用"特而强"的理念优化产业结构。各开发区产业定位不能"大而全"，力求"特而强"。必须紧扣产业升级趋势，找准特色、凸显特色、放大特色，锁定最有基础、最有优势的主导产业，推动产业高端化。用"聚而合"的理念促进产城融合。要深挖、延伸、融合产业功能、文化功能、旅游功能和社区功能，强化基础设施支撑，增强公共服务供给和社会功能，推动开发区产城融合发展。用"活而新"的理念促进机制创新。新形势下开发区建设不能沿用老思路、老办法，必须顺应发展规律、适应发展趋势，不断探索创新。

### （二）以国际产业合作园建设强化开发区特色和优势

国际产业合作园是以特定国家的产业转移趋势和投资意向为基础建设的专门园区，与开发区之间是专与全的关系。作为开发区的园中园，要以专带全，通过国际产业合作园精准的专业化发展模式，强化开发区特色和优势，为开发区转型升级提供样板。坚持高端定位，打造高端外资集聚地。

国际产业是开发区进一步发展的自然升级，应该发挥助推开发区产业转型作用，走高端引资路线。坚持精准招商，打造"服务高地"。国际产业合作园要根据合作国产业转移趋势和投资意向偏好，完善园区招商引资运营管理，强化园区产业配套服务功能，以更加精准、优质、有针对性的服务招商引资。坚持持之以恒，打造国别合作品牌。国际产业合作园建设要坚持一个合作国家或地区不动摇，建立两国多层次的合作机制，实现两国产业链分工合作和高端项目集聚，打造国别合作品牌。

表 3-1　浙江省国家级经济开发区名单

| 地区 | 数量 | 开发区名称 |
|------|------|-----------|
| 杭州市 | 4 | 杭州经济技术开发区、萧山经济技术开发区、余杭经济技术开发区、富阳经济技术开发区 |
| 宁波市 | 4 | 宁波经济技术开发区、宁波大榭开发区、宁波石化经济技术开发区、宁波杭州湾经济技术开发区 |
| 温州市 | 1 | 温州经济技术开发区 |
| 湖州市 | 2 | 湖州经济技术开发区、长兴经济技术开发区 |
| 嘉兴市 | 3 | 嘉兴经济技术开发区、嘉善经济技术开发区、平湖经济技术开发区 |
| 绍兴市 | 3 | 绍兴袍江经济技术开发区、绍兴柯桥经济技术开发区、杭州湾上虞经济技术开发区 |
| 金华市 | 2 | 金华经济技术开发区、义乌经济技术开发区 |
| 衢州市 | 1 | 衢州经济技术开发区 |
| 台州市 | 1 | 台州湾经济技术开发区 |
| 丽水市 | 1 | 丽水经济技术开发区 |

资料来源：浙江省商务厅。

第四章

浙江省开发区建设的主要举措

# 第一节　开发区整合提升

习近平总书记在浙江工作期间对开发区建设有许多重要指示。2020年4月，浙江日报在刊发的《春风又绿江南岸——习近平总书记在浙江考察纪实》中提到，2003年"非典"刚过，习近平同志在浙江擘画全省先进制造业蓝图，整合提升各类园区，形成一批布局合理、功能完善、主业突出、产业配套、管理规范、环境优美的重点开发区。浙江一直牢记总书记关于开发区工作的重要指示，始终坚持以"八八战略"为指引，扛起"三个地"的使命担当，从2008年开始在省委省政府统一领导下，围绕拓展发展空间、创新体制机制和提升产业层次三个重点，开展了三轮开发区整合提升，浙江省81家经济开发区中有76家开展了整合提升工作，其中国家级经济技术开发区全部完成了整合提升。三轮整合提升共整合各类园区400余个，每个开发区辐射带动面积平均达到100多平方公里，出现了工业总产值超2000亿元的开发区3家，超千亿元的开发区15家。2021年，浙江省有国家级经济技术开发区22家，居全国第二；进入全国前30强经济技术开发区有4家，居全国第二；利用外资前10强经济技术开发区有3家，与江苏并列全国第一。

## 一、浙江省开发区整合提升的时代背景、工作目标和历程

### （一）开发区整合提升的时代背景

我国加入世贸组织以来，开发区面临的国际、国内形势和肩负的历史使命都发生了深刻的变化，尤其是在中国特色社会主义新时代和浙江省全面推进开放强省建设的背景下，迫切需要通过开发区整合提升，聚焦聚力

高质量、竞争力、现代化，推动开发区发展质量变革、效率变革、动力变革。

开发区整合提升是落实总书记指示精神的需要。2003年，在全省外经贸工作会议上，时任浙江省委书记的习近平同志指出："对全省现有的各类开发区、园区，分类指导，梯度推进，优化整合。"2004年，在浙江对外开放大会上，时任浙江省委书记的习近平同志指出："要以国家级、省级开发区为主体，整合提升各类园区。"开发区整合提升是落实省委省政府决策部署的需要。时任省委书记车俊书记强调各类开放开发平台整合有新突破，加强省级层面规划统筹，按照"一个平台一个主体一套班子"的原则，以最高层级平台为核心，对区域范围内的各类开发区进行实质性整合。开发区整合提升是对标先进开发区的需要。省外先进开发区一般在200至400平方公里以上，如苏州工业园区278平方公里、天津经济技术开发区460平方公里。开发区整合提升是积极发挥开发区在重大战略行动中平台支撑作用的需要。浙江省三轮开发区整合提升工作横跨"十一五""十二五""十三五"三个五年规划，为积极有效应对全球金融危机、经济周期调整等压力，更好发挥开发区在"一带一路"等国家战略和大湾区、大花园、大通道、大都市区建设等重大战略布局中的平台支撑作用，需要进一步整合资源要素、提升发展质量，打造对外开放、创新发展、体制机制优化的新平台。开发区整合提升是破解开发区发展中面临现实问题的需要。全省开发区发展不平衡、不充分的问题比较突出，平台的能级还不够高，特别是具有全球影响力的标志性、引领性平台比较少，迫切需要通过开发区整合提升推动开发区质量变革、效率变革、动力变革。

## （二）工作目标

1. 开发区在全国考核中争先进位。通过整合提升，近一二年内要有1家国家级开发区进入全国前10位，4家国家级开发区进入全国前20位。

2. 开发区体制机制进一步创新。探索市场化、企业化运营模式，推进"最多跑一次"改革、复制推广自贸试验区经验，再创开发区体制机制新优势，激发开发区发展新动能，打造具有国际影响力的新时代高能级开放平台。

3. 开发区开放水平进一步提升。到2022年，全省开发区规模以上工业增加值达到1.1万亿元，进出口总额和利用外资总额分别占全省总量的

50% 以上，建成国际产业合作园 25 家。

4. 开发区产业结构进一步优化。建成产值超千亿的开发区 20 个；开发区亩均效益领跑全省；形成一批具有全球影响力、较强产业国际竞争力的外向型先进制造业集群；增强开发区产业链韧性，提升开发区产业链水平。

### （三）开发区整合提升的历程

整合提升工作是一项系统工程，涉及面广，情况复杂。开发区的整合提升有别于变更"四至范围"的扩容，主要是地方政府通过体制创新，在不改变"四至范围"前提下授权开发区对一定的行政区域实行委托管理、规划建设、功能布局和产业配置。

第一轮整合提升：应对全球金融危机，优化开发区空间资源。从 2008 年至 2012 年，受全球金融危机冲击，浙江省开发区在产业转型升级过程中面临发展空间制约的背景下，开展了以优化空间为核心的第一轮整合提升工作，积极探索空间集约发展新路径。浙江省 66 家开发区开展了整合提升，对同一行政区域内、区块相邻的开发区，原则上以国家级、省级开发区为主体，进行整合优化提升；对省级以下各类"低、小、散"园区，加快整合或予以退出。

第二轮整合提升：推动区域联动发展，注重体制机制融合。2013 年 2 月，时任省委书记习近平同志提出"高起点地规划开发区建设，高标准地推进开发区整合提升"。浙江省开展了更加注重核心区和辐射带动区块联动发展与体制机制融合的第二轮开发区整合提升工作，对象是浙江省 33 家开发区。在第一轮整合周边园区基础上，开发区积极做强做优核心区块，优化整合周边功能区块，形成核心区与辐射带动区共建共享、联动发展；积极整合落实开发区管理体制和运行机制，精简管理机构，理顺利益分配机制，以做强特色主导产业带动做强平台。

第三轮整合提升：注重体制机制创新，服务国家战略大局。2018 年至今，浙江省全力推动 32 家开发区进行整合提升。第三轮开发区整合提升充分吸收了前两轮整合提升工作经验，重在"提升"，以创新体制机制为突破口，以打造统一规划、统一招商、产业集群的大平台为目标，建立统分结合的领导管理体制和高效便捷的工作运行机制；积极服务国家战略大局，推动开发区融入"一带一路"倡议，复制推广自贸试验区试点经验，推进最多跑一次改革。目前，第三轮开发区整合提升已完成省级部门复审，待省政府批复。

## 二、浙江省经济开发区整合提升的基本情况

### （一）工作原则

一是清晰定位，明确方向。高目标定位，以大战略布局大平台，以大平台支撑大战略，聚焦国际化水平、产业核心竞争力、创新发展水平、集约化发展水平。

二是有序规划，分类整合。坚持规划引领，严格依照国土空间规划推进整合提升。科学有序规划建设开发区，根据都市区、县城、中心镇等不同特征加快分类整合开发区。在工作中碰到的问题，分门别类加以处理。

三是突出重点，分步实施。各开发区根据自身的产业功能导向，突出1~2个特色产业作为主攻方向。各地针对不同开发区的发展水平和基础条件，分清轻重缓急，先易后难，逐步推进。

### （二）工作内容

一是强化开发区开放桥头堡作用。大力建设国际产业合作园，发挥政策和资源的叠加效应，实施精准招商、精准合作。推动开发区主动融入"一带一路"倡议，引进"一带一路"沿线国家的高端制造业。加快建设开发区海外产业创新服务综合体，支持有条件的开发区"走出去"开展海外科技孵化投资，推广"资本孵化＋招引回国＋国内成长"模式。

二是优化开发区空间布局。坚持集约发展，按照"地域相邻、业态相近"的原则，整合周边小而散的区块，促使优质资源、项目向开发区集聚。优化功能布局，合理布局第一、二、三产和生产、生活、生态空间，实现区块间相互配套和联动发展。

三是实现开发区产业功能创新。开发区开展产业链"链长制"试点工作。推动开发区构建公共技术服务平台，设立科技创新发展基金等。集聚

发展优势产业和主导产业，建设具有全球影响力的外向型先进制造业集群，培育具有较强国际竞争力的隐形冠军企业。发展壮大开发区现代服务业，顺应开发区产城融合趋势，合理布局生活性服务业。

四是推进数字化园区建设。推动开发区管理和服务的数字化，特别是在产业推进、招商引资等服务与管理的智慧化水平。推动开发区产业的数字化，带动企业实现装备智能化、设计数字化、生产自动化、管理精细化、营销服务网络化。推动数字化产业在开发区的集聚。

五是优化开发区体制机制。理顺管理体制机制，充分赋予开发区投资管理权限，开发区管委会集中精力抓好经济管理和投资服务。理顺开发区财税管理体制，完善开发区财政预算管理和独立核算机制。推进"最多跑一次"改革，复制推广自贸试验区试点经验。

### （三）工作流程

一是编制工作方案。开发区围绕拓展空间、优化体制和产业转型升级等内容，写好"一书"、填好"一表"、绘好"一图"，编制有高度、有创意、有特色、有亮点的工作方案。

二是省市方案评审。在市级评审的基础上，省商务厅召集省委政研室、省委编办、省发改委、自然资源厅、生态环境厅等省级有关单位，对各开发区方案进行复审。

三是统一部署推进。省政府对整合提升方案进行正式批复后，督促开发区落实整合提升方案。

## 三、浙江省开发区整合提升的成效和经验

### （一）开发区整合提升的成效

1. 开发区发展理念发生重大转变。每一轮的整合提升，都是对浙江省开发区发展理念的一次洗礼，促使各地开发区认真思考了"在新形势下开发区该如何发展"的问题。从贯彻学习科学发展观到全面践行五大新发展理念，从首创国际产业合作园到开展开发区产业链"链长制"等制度创新，开发区始终是浙江省贯彻新发展理念的排头兵，扬弃了以往封闭式、排他

性的增长模式，选择一种开放式、包容性的发展方式，积极适应新时代的发展要求，承担起高质量发展的重要使命。

2. 开发区主要经济指标全面增长。2019年浙江省经济开发区实际外资78.5亿美元；进出口总额17171.39亿元，同比上升25.96%，其中出口额12991.82亿元，同比上升35.2%。经济开发区以约7%的土地面积，贡献了36.0%的税收收入、55.7%的进出口、57.9%的实际外资和67.7%的规模以上的工业增加值。各项主要经济指标的增幅明显超过整合提升前的水平。

3. 开发区平台能级进一步提升。三轮整合提升后，浙江省逐步构筑了以开发区为核心、城镇为依托、产业为支撑、功能区为节点的经济发展大平台，有效整合了资源，带动了开发区跨越式发展，初步形成了若干个电子信息、生物医药、汽车整车及零部件等先进制造业集群，规模以上的工业总产值超千亿元的开发区达到18家，其中嘉兴、宁波开发区突破2000亿元。招商能力得到大幅提升，较好扭转了以往开发区有招商人才和信息，但缺乏项目承载空间，周边乡镇有承载空间但缺乏招商人才和信息的局面。开发区已成为浙江经济国际化的先导区、经济高质量发展的引领区、体制机制改革的先行区、创新强省建设的实践区、区域经济发展的带动区和绿色集约发展的示范区。

4. 开发区发挥了在抗击疫情复工复产和应对中美经贸摩擦中的主平台作用。自中美经贸摩擦发生以来，开发区发挥较大作用，为浙江省稳外贸稳外资工作作出了较大贡献。新冠肺炎疫情发生以来，全省开发区按照党中央国务院和省委省政府的决策部署，发挥开发区复工复产主平台作用，正确把握疫情发展的不同阶段任务，正确处理疫情防控和复工复产的关系，发挥开发区产业链"链长制"的制度优势，以"链式"思维推动企业复工复产，决胜疫情防控阻击战和复工复产攻坚战。目前，浙江省开发区企业复工率达95%以上，企业产能恢复率达到80%以上。

5. 开发区发展质量得到实质性提升。通过三轮整合提升，开发区运用自身多年积累形成的品牌、产业、资金、人才、管理等优势，辐射带动周边几十甚至上百平方公里，形成开发区与所在区域资源整合、功能叠加、优势互补、联动发展的新格局。浙江省经开区积极开展"亩均效益"领跑计划，开发区土地投入产出效益逐年提高，2018年亩均税收比2017年提高11.8%，2018年亩均增加值比2017年提高4.5万元/亩。科技创新进步显著，浙江省开发区内涌现出一批规模大、集中度高、科技力量雄厚的研发技术中心。促进了开发区生态环境的和谐建设，以绿色、低碳、可持续为发展导向，正确处理了产业发展和生态保护的关系。

6. 开发区在全国考核中进一步争先进位。浙江省共有国家级经济技术开发区21家，总数仅次于江苏省（26家）。在2019年国家级经济技术开发区综合评比排名中，嘉兴经开区（第12名）、杭州经开区（第14名）、宁波经开区（第18名）进入全国前20强，仅次于江苏。其中，嘉兴经开区在实际使用外资全国排名第5，宁波经开区进出口总额位居第8，杭州湾上虞经开区发展经验被选入十大优秀案例供全国学习推广。

7. 开发区产城融合进一步加速。开发区造的是以产业为支撑、以人为核心的新型城市，如杭州、宁波、绍兴袍江等开发区远离母城、平地造城，用10到30年时间新建起一座以先进制造业和现代服务业为支撑的现代化新城；嘉兴、湖州、金华等和更多设置在县的开发区依托母城、建设新城，拓展了城市的发展空间，提升了城市的品位形象。近年来，开发区以良好的创业就业环境吸引了大批专业技术人员、海归留学人员和大、中专毕业生，许多已成为城市新居民。据统计，目前浙江省开发区内从业人口约668.8万。

8. 浙江省开发区（园区）形成集中统一的体制架构。各市围绕"淘汰撤销一批、转型提升一批、整合优化一批、创建打造一批"的路径要求推进整合提升，浙江省拟整合优化595个、转型提升299个、淘汰撤销165个。在此基础上，基于"保重点（省级以上平台）、保空间（工业用地规模）、保基础（全市产业布局）、保绩效（年度综合评价）"的基本考虑，将各类开发区（园区）整合形成空间相对集中连片的"一个平台"、管理运行独立权威的"一个主体"、集中统筹协同高效的"一套班子"。同时，配套推进职能职责优化、干部队伍建设、财政收入、资产分割及利益分配等方面改革，全面推动形成开发区（园区）集中统一的体制架构，为提高管理运营水平奠定了良好的体制机制基础。

9. 浙江省开发区（园区）整合提升超额完成数量控制目标。截至2021

年初，11个设区市均已按要求编制上报全市整合提升总体方案，从各市整合提升方案已明确的整合目标任务看，主要有3个特点：一是总量显著压缩，浙江省有望从原有的1059个各类开发区（园区）整合提升为137个（比原计划减少13个），平台数量减少了87%。目前，湖州正在前一轮整合提升的基础上，根据相关部门的反馈意见，将以长兴经济技术开发区整合长兴新能源装备高新技术产业园区，将以浙江安吉经济开发区整合浙江安吉绿色循环产业园，数量还会进一步减少。二是规模显著提升，整合后的开发区（园区）按2019年总产值计算超过7万亿元，占浙江省总产出的50%，将进一步成为浙江经济发展的主平台。三是布局显著优化，通过本次整合提升，大力度理顺了浙江省开发区（园区）体系，既在沿海地区和设区市本级重点谋划打造一批高能级战略平台，又同时兼顾到不同地区、不同阶段的发展需求，为山区实现跨越式发展提供特色支撑平台。

### （二）开发区整合提升的经验

1. 领导重视、部门协作。各地各部门对此项工作高度重视，大部分市成立开发区深化整合提升工作协调小组，由市长任组长，全力保障整合提升工作的领导、协调和组织推进，舍得把最好的地块和资源拿出来作为开发区整合提升的发展平台，以新思路、大手笔描绘开发区新一轮发展宏伟蓝图。省级各有关部门也加强协调配合，在各自职能范围内研究制定鼓励支持整合提升的政策措施，加强对整合提升工作的指导帮助和督促检查。

2. 科学规划、周密部署。坚持规划引领，着眼长远发展，充分体现规划的科学性、前瞻性、整体性、稳定性和可操作性，切实做到"一次规划、分步实施，高点定位、扎实推进"。精心组织、部署整合提升工作，认真做好整合提升单位的筛选申报、方案制定和组织实施工作，协调解决好整合提升过程中出现的各种困难和问题。

3. 精心实施、务求实效。各部门精心指导，周密制定工作流程和评审标准；各开发区解放思想，工作扎实，勇于探索创新。通过大范围整合资源、组团式空间布局，拓展开发区的发展空间，增强开发区的发展潜力，促使优质要素和重要资源向开发区集聚，培育构筑开发区现代产业体系。

## 四、浙江省开发区整合提升的不足

经过整合提升，浙江省开发区发展实现了新跨越，但发展过程中也存在一些问题，需要在下一步加以探索解决。

### （一）开发区平台能级有待进一步提升

历经三轮整合提升，各类园区"多而散、小而弱"的问题得到较大解决，但部分开发区能级较弱、主导产业不够突出，还缺乏像苏州工业园、广州经济技术开发区这样的航母级的平台。2019 年，杭州经开区排名退出全国前十强，而江苏有 4 家、山东有 2 家进入前十强。

### （二）全省开发区区域发展仍不平衡

全省经济开发区地域发展不平衡较为突出，21 个国家级开发区中有18 个位于北部片区，全国排名前 20 的国家级开发区均在北部片区，2018年度国家级经济技术开发区考评总指数排名前十的有 9 家在北部片区。

### （三）开发区用地指标仍较为缺乏

大多数开发区反映，由于项目用地指标难以落实，导致招商引资难度加大，一些好项目无法进入实质性阶段。开发区原落户企业由于用地紧张，难以得到进一步发展。

### （四）产业结构不够合理

目前，浙江省开发区部分产业仍处于产业链和价值链的低端，研发能力不强，核心技术拥有自主产权的不多。现代服务业不够发达，传统服务业与新兴服务业比例失调。

### （五）开发区体制机制不够先进

开发区现行管理体制和运行机制与开发区发展要求仍有不相适应的地方，一些体制性障碍已经制约开发区进一步发展。开发区在内部运作机制上，比如机构设置和人员编制配置方面，用人机制、薪酬分配制度改革以及奖惩激励机制方面，虽有探索但缺乏突破性的进展。从各市总体方案看，体制机制方面已实现"一个主体"的要求，但与属地政府之间的职能边界、利益分享机制仍需进一步明确。纪检监察机构建设仍有待从理顺管理体制、规范机构规格等方面继续深化。仍有部分市、县自行设立的平台管理机构没有纳入整合范围。部分方案对干部人事和薪酬管理制度内容没有提出创新性意见。

### （六）部分开发区（园区）分片区偏多偏散

受海岛、山区地形等客观因素影响，部分设区市落实"开发区（园区）空间范围原则上要求相对集中连片且严格控制分片区数量"的规定还不够到位，分片区过多且分散布局的现象依然部分存在。仍有部分园区对未能纳入整合优化、转型提升的开发区（园区）没有下更大决心予以淘汰撤销。

## 五、进一步深化落实整合提升的工作举措

2022 年是推进省域治理现代化起步之年。在新时代，我们牢记总书记的指示，牢记开发区在服务国家改革开放大局的初心和使命，以落实整合提升工作为重要抓手，高起点谋篇布局，完善开发区治理体系。通过落实开发区整合提升工作，进一步优化开发区空间布局、产业结构、资源配置和体制机制，建设高能级开放平台，使开发区更好地服务于全面开放新格局、建设现代化产业体系、全面深化改革、实施创新驱动发展战略、实践区域协调发展战略、推进绿色生态发展，为浙江省经济高水平开放、高质量发展作出更大贡献。

### （一）加快推进开发区立法进程，再造开发区竞争新优势

通过制定开发区条例，科学规范开发区功能定位，确立开发区法律地位，界定开发区工作职责，使依法治区于法有据、有法支撑，保障浙江的开发区在全国改革创新中的引领地位及在新一轮地区竞争中的领先地位。省商务厅自 2004 年起就着手开展开发区立法工作调研，目前已完成《浙江省经济开发区条例（征求意见稿）》，并已列入省人大重点立法项目。

下一步将积极推进开发区立法工作，加快开发区立法进程，为深化经济开发区的改革创新提供推动、引领和支持作用。

## （二）以开发区产业链"链长制"撬动深化整合提升，完善开发区治理体系

我们将认真落实习总书记产业链建设"巩固、增强、提升、畅通"八字方针，落实党委政府产业链安全责任，动员社会各方面参与实体经济与产业链建设，建立产业链保护、发展、提升长效机制。链长由开发区所在地市、县（市、区）党政主要领导担任，着重建立健全"九个一"的工作机制，以产业链"链长制"撬动开发区开放创新、科技创新、制度创新，有效应对中美经贸摩擦，发挥开发区在稳就业、稳金融、稳外贸、稳外资、稳投资、稳预期中的重要作用。

## （三）以"最多跑一次"改革为牵引，激发开发区体制机制活力

深化"最多跑一次"改革，撬动开发区管理体制机制创新，以改革强化制度供给，再创开发区体制机制新优势。按照国务院关于"赋予国家级经开区地市级管理权限"的要求，积极推动经济开发区经济管理权限的赋权工作。推动开发区聚焦主责主业，突出经济管理和投资服务职能。在坚持党管干部原则的前提下，探索推行开发区管理机构全员聘用制等改革。借鉴新加坡、海南、广东前海、天津滨海经验，探索法定机构试点，对招商部门和团队实行更加灵活的激励措施。在开发区积极复制自由贸易试验区经验，实现标准地、能评环评等多评合一全覆盖，推动审批不出区、"互联网＋政务"服务、实现"最多跑一次"、投资项目最多80天，全面优化开发区营商环境。以考核评价为导向，推动全省开发区争先进位，表彰先进开发区，约谈落后开发区直至摘牌。

## （四）以美丽园区建设为抓手，打造国际一流营商环境

以打造开发区国际一流营商环境为目标任务，推进开发区国际化、特色化、绿色化、数字化、高端化、便利化，打造对外开放活力美、生产生活特色美、绿色生态环境美、数字信息智能美、高端创新结构美、营商环

境服务美"六美"园区，打响"美丽中国、美丽浙江、美丽园区"建设品牌。到2021年底，深化推进一批凸显自身特色优势的美丽园区；到2023年底，全面完成美丽园区建设，形成可复制、可推广的转型提升经验，推动美丽园区建设走在全国前列。

### （五）以全球精准合作为重点，加快推进开发区国际化发展

以国际产业合作园、开发区海外产业创新服务综合体为抓手，推进开发区高水平开放。巩固提高现有国际产业合作园和开发区海外产业创新服务综合体，发挥他们在国际产能合作和开放创新能力建设的示范带动作用。积极培育国际产业合作园和开发区海外产业创新服务综合体建设梯队，争取国际产业合作园在国家级开发区实现全覆盖。推动国际产业合作园围绕全省八大万亿产业，瞄准世界产业发展高地和技术创新高地，促进开发区产业链、价值链由中低端向中高端迈进。推动国际产业合作园与"一带一路"沿线国家政治、经济、文化全方位合作，打造"一带一路"建设标志性工程。

# 第二节　美丽园区试点

浙江是习近平新时代中国特色社会主义思想的重要萌发地，总书记在浙江工作和视察浙江期间对开发区建设有许多重要论述。我们要将学习总书记开发区建设的重要论述作为"不忘初心，牢记使命"主题教育活动的重要内容，自觉推进美丽园区建设的实践，打造新时代浙江开放新平台。

## 一、美丽园区试点的必要性

美丽园区建设不仅是浙江省开发区发展的内在逻辑，更是园区有机更新的目标追求。

## （一）推进美丽园区建设是浙江省开发区发展的内在逻辑

在开发区发展初期，开发区的主要职责是发展产业，尤其是发展工业，开拓了在市场经济条件下产业化快速发展的模式。入世后，随着中国城市化进程的不断加快，开发区着力发展产业的同时，着力于推进城市化，开拓了产城融合的发展模式。在中国改革开放进入建设自贸试验区的新阶段，开发区高质量发展必须追求质量变革、效率变革、动力变革，为开发区发展寻找新的持续动力成为重大课题。笔者们认为，这个持续动力就是打造国际一流营商环境。法治化、国际化、便利化的营商环境，将极大激发市场活力和社会创造力，而美丽园区建设的基本内容就是打造优质营商环境。

## （二）推进美丽园区建设是园区有机更新的目标追求

时任省委书记车俊书记提出要加快推进全域有机更新，园区有机更新是全域有机更新的重要一环。目前，园区存在的一些问题确实需要及时解决。例如，有些园区国际化水平不高，高质量外资集聚度低，对外贸易规模较小，国际产能合作水平需要进一步提高；有些园区工业占比过高，产城融合度不够，产业较为低端，"低小散"问题较为突出；有些园区环境污染还是较为严重，空间规划不合理；有些园区数字化管理和服务欠缺，数字基础设施建设滞后；有些园区创新驱动能力较弱，资源要素配置不合理，高端人才招引困难；有些园区体制机制优势弱化，营商环境急需优化。园区有机更新的目标追求就是解决这些问题，真正将园区建成美丽园区。

## 二、美丽园区的内涵与建设思路

### （一）内涵

美丽园区美在营商环境。美丽园区建设，应致力于营造园区更加便利的投资贸易环境、营造更加优质的产业发展环境、营造更加宜居的绿色发展环境、营造更具吸引力的人才发展环境、营造更加高效透明的政务环境、营造更加公平公正的法治环境，成为美丽中国和美丽浙江的重要支撑、新时代浙江改革开放的新高地、国际一流营商环境的示范区。

## （二）建设思路

我们要以习近平总书记新时代中国特色社会主义思想为指导，建设一批具有国际竞争力的现代化美丽园区，打响"美丽中国、美丽浙江、美丽园区"建设品牌，引领全省经济开发区高水平开放、高质量发展。

一是明确总体要求。美丽园区是"美丽中国""美丽浙江"建设的具体实践和重要载体。按照统筹规划、逐步实施，分类指导、彰显特色，示范先行、以点带面的基本原则，以打造浙江省最优营商环境为根本任务，以国际产业合作园、特色小镇、先进制造业集群、生态示范园、数字园区、"最多跑一次"改革为载体，营造更加优质的产业发展环境、更加宜居的绿色发展环境、更具吸引力的人才发展环境、更加高效透明的政务环境、更加公平公正的法治环境。

二是把握总体目标。以一年打基础、三年大提升、五年走前列为总体目标。2019 年，制订美丽园区建设实施计划，启动美丽园区建设，培育 20 家左右的美丽园区典型示范；2021 年，美丽园区建设大提升。深化推进了一批凸显自身特色优势的美丽园区，园区生态环境更加优美，创新体系更加完善，高端要素更加集聚，数字管理更加智能，营商环境更加优化，开放水平更加提升，发展质量更加提高；到 2023 年底，美丽园区建设走在全国前列。全面完成美丽园区建设，营商环境建设走在全国前列，并涌现出一批具有国际竞争力的美丽园区，同时形成可复制、可推广的转型提升经验，建成新时代浙江改革开放的新高地和国际一流营商环境的示范区。

三是做实主要任务。以国际化、特色化、高端化、数字化、绿色化、便利化为美丽园区建设的主要任务。推进建设国际产业合作园，整合提升海关特殊监管区域，争做各地"一带一路"建设的支点。推进园区产业转型升级，打造先进制造业集群，发展壮大现代服务业。增强园区创新驱动能力，促进产学研用相结合，推进人才队伍建设、资源要素配置改革。完善数字基础设施建设，引导企业数字化转型。强化生态规划，推进绿色生态发展。深化"最多跑一次"改革和管理制度改革，推进政府公共服务创新发展。

四是建立评价体系。"美丽园区"评价指标体系体现分类指导，将分别建立开发区、产业集聚区、工业园区、高新区评价指标体系。评价体系构建原则以定量评价为主，定性评价为辅，由各主管部门分别制定。其中，省商务厅将建立美丽园区（开发区）评价体系。美丽园区（开发区）评价指标体系以《浙江省开发区综合考评办法》为基础制定，使用省级有关部门的相关考核结果，增加"亩均效益"领跑行动计划、"最多跑一次"考核等营商环境指标，绿色生态园区、特色小镇和旅游景区等特色化、功能化指标。美丽园区（开发区）评价指标体系包括6个一级指标，总分100分，全面覆盖园区投资环境的各个方面，分别为：对外开放活力美、生产生活特色美、绿色生态环境美、数字信息智能美、高端创新结构美、营商环境服务美。

五是健全保障措施。要加强美丽园区的组织领导，省商务厅将会同各省级有关部门做好"美丽园区"建设中的协调、指导工作，努力形成工作合力。各县（市、区）政府、各园区要把深入推进"美丽园区"建设工作摆在更加突出的位置，落实主体责任，编制"美丽园区"创建方案，健全工作机制，同时相应配套政策，认真抓实抓好。积极发挥智库作用，为美丽园区建设提供智力支持。省商务厅会同各省级有关主管部门将加大对各地深化美丽园区建设工作的考核力度，对创建工作扎实、经济效益明显、营商环境提升显著的地区，在财政政策等方面给予支持；加强宣传引导，适时总结、提炼"美丽园区"建设的先进经验和典型做法，开展宣传和报道，主动讲好"美丽园区"创建故事。

各类园区在浙江省经济社会发展中有着重要的地位，美丽园区建设是园区在新时代开放平台建设的目标追求，做好美丽园区建设工作使命光荣、责任重大。园区是改革开放的主阵地，经济建设的主战场，并在一定程度上决定着区域发展的质量和水平。要加大园区有机更新的工作推进力度，在全省范围内培育一批美丽园区典型示范，争取将美丽园区建设、营商环境走在全国前列，涌现出一大批具有国际竞争力的美丽园区，建成新时代浙江改革开放的新高地和国际一流营商环境的示范区。

### 三、美丽园区试点案例

#### （一）前洋经济开发区：以"数"为媒，打造数字化美丽园区

浙江前洋经济开发区位于宁波市北门户，是连接杭州、上海乃至长三角地区的"桥头堡"。四年来，开发区以丰富的制造业资源为基础，围绕"数字经济、智慧服务、工业'互联网+'"，大力布局数字经济产业发展，成为智能经济助推传统制造业腾飞的肥沃土壤。在基础建设、企业服务、产业发展、企业赋能等方面，绘出了富有前洋特色的数字化美丽蓝图。

前洋经济开发区成立之初，恰逢数字经济发展浪涌云翻之际。顺应数字潮起之势，开发区借助数字化赋能，先手落子园区基础建设，构建了招商项目企业管理系统。通过将招商工作数字化（招商管理数字化模块）、企业管理数字化（开发区企业管理模块）、服务企业数字化（企业政策兑现模块）集成一体，实现项目招商到企业政策服务的大数据化迅捷管理。

一旦招商项目启动，各阶段的成果将即时被数据化，在系统中"秒"流转。这使得管委会能够瞬间获悉项目进展，极大地方便了园区负责人迅速对招商难点作出指引。招商经理在千里之外开展招商谈判，而园区相关负责人后台在线即可提供政策、资源、服务支持，使得复杂的请示、审批流程秒速通过。在疫情期间，借助这一系统园区招商不仅没有停滞，反而在前三季度成功招引企业2200余家。

企业落地工作的审批，往往容易受制于多部门联动的迟滞阻碍。审批流程的平行流转、堵点预警，将所有低效环节暴露无遗，这也使得管委会主要领导政策协调的针对性大幅度提高。总部在北京的宁波同创助业企业管理合伙企业（有限合伙），企业负责人在落地审批当天委托招商经理"不见面"办结，再由代办人通过园区"最多跑一次"服务终端机，当天领出营业执照。

企业政策申请过程的电子化，在政策兑现系统被秒速审批。无论是企业提交资料、补充资料，还是管委会核准资料、审批反馈，均可通过网上完成。"最多跑一次"已悄悄升级成为"最多跑零次"。每个季末，符合条件的企业直接在网上递交资料，从资料提交至补贴到账，最快在2天内即可完成。在疫后复工复产期间，共有560多家企业提交政策兑现申请，

其中 3 月份就有 467 家实现当月资金到账，累计兑现金额近 1.5 亿元，大大减轻了企业资金压力。

数字化的管理系统让开发区的招商、管理、服务跑出了前洋速度，让企业看到了前洋效率。四年来，企业落户年平均增幅 36.4%，审批项目落地数 1.5 万余家次，规模以上的企业新增 300 余家；规上主营业务收入由 188 亿增至 1469 亿。短短四年的努力，就使开发区成功跻身千亿级省级开发区"俱乐部"。让"深圳看前海、上海看前滩、宁波看前洋"成了"秒速服务"的最佳背书。

产业数字化是宁波市数字经济"一号工程"的主线之一，是传统制造业改变依赖低成本要素投入发展的关键路径。作为一家有丰富传统制造业与智能经济产业的省级经济开发区，以跨境电商平台、大宗物资交易平台、工业互联网平台等数字经济工程为基石，先后建立包括前洋 E 商小镇、宁波市工业物联网特色产业园、宁波 AIOT 协同创新基地、宁波前洋跨境电商生态园、阿里云宁波市工业互联网中心一期基地等 9 家多产业特色智能化园区。这都得益于特色智能化园区的引导培育，开发区内传统制造业与新兴智能产业相遇相知，迸发出"1+1>2"的"聚变效应"。

例如，爱柯迪集团，作为全国首家"5G+ 智慧工厂"示范基地，通过率先覆盖整个集团的 5G 信号，将 7 个工厂、87 个车间、2300 台设备的数据上传至私有云端，实现精准总控。这一举措使人均产值提升 17%，设备平均生产效率提升 19%，人工平均生产效率提升 75% 以上，产品不良率降低 15%，总体库存减少 7000 万元。成功打造出数字化设计、智能化生产、智慧化管理、绿色化制造的未来智能工厂。为其汽车铝合金精密压铸件产业注入了发展新动能，进一步巩固了其国内领先的行业地位，也为开发区制造业"数字化、智能化、绿色化"改造升级，提供了可推广复制模型。

又如宁波江北激智新材料有限公司通过生产、装配、检测核心设备的智能化改造，将 EPR、MES、库存条码管理等多种业务软件集成、融合，实现数字化设计、数字化运营、智能化生产、数字化决策。打通了从供应商到客户的数据链，变制造为"智"造，打造出光学膜行业首家市级数字化车间。优化企业生产方式，使企业整体生产效率提高 23%、运营成本降低 22%、产品生产周期缩短 45%、产品不良率减少 56%。显著提升的产品核心竞争力，使之成为华为、三星等液晶显示模组产业链上重要的一颗强链环。

2018年起，开发区响应宁波市"数字产业化"号召，先后打造了"4+1"数字化赋能中心。即工业物联网特色产业园、宁波AIOT协同创新基地、宁波电工电气产业互联网平台、阿里云工业互联网基地等四个制造业的数字化赋能中心，以及一个服务业的数字化赋能中心——智慧供应链产业创新服务综合体。赋能中心发挥产业招商优势，引进制造业、服务业数字化赋能项目及机构，推动赋能企业与亟待赋能企业的有效对接，加快了开发区数字经济产业项目的落地。

2020年7月，国家工信部公布了中小企业数字化赋能服务产品及活动推荐目录。开发区企业浙江健精智能系统有限公司的智能工厂规划成功入选该目录数字化运营类产品。在开发区的大力支持下，该公司为全市多家传统家电制造企业提供了量身定制的智能工厂规划。为企业存在的生产车间生产不流畅、自动化程度低、生产效率低、生产成本高等弊病提供了有力的解决方案。推动被赋能企业实现精益化、信息化、智能化转型，显著提升其市场应变能力、业内竞争力。

大力支持企业"赋能建链"。如工业物联网特色产业园，发挥宁波柯力传感科技股份有限公司的行业龙头优势，集聚工业物联网行业高科技企业和人才，建设工业物联网行业高科技项目孵化和产业化服务体系。通过搭建物联网应用众创空间，为入驻园区企业提供了更低成本的运营环境、产学研相结合的共享平台。有力推动了物联网产业关键科技技术成果的产业化赋能落地，助力形成物联网产业链。截至2019年底，该产业园已累计引进项目181个，年销售达4.05亿元，税收1334万元。

着力助推产业链"整合赋能"。如开发区通过建设宁波AIOT协同创新基地，成功打造了智能物联网集群创新加速平台，全面夯实提高了产业集群共建、产业分析研究、产业资源对接、联合市场拓展、产业资本加速等全链路产业服务能力。培育物联网垂直应用产业生态圈，为产业链整合赋能，打通了技术创新到市场应用的"最后一公里"。又如，通过建设宁波电工电气产业互联网平台，聚焦电工电气行业，整合商品流、物流、信息流和资金流，为企业提供全链路供应链解决方案，建立供需一体化的产业智能服务平台，通过专业共享服务、集采服务、共享产能和集运服务，为电工电气企业的数字化转型赋能。

大力建设"赋能综合体"。开发区围绕十大百亿产业供应链，整合商流、物流、资金流、信息流、科技流、人才流，以"六流合一"的理念，打造了智慧供应链产业创新服务综合体。整合外部专业资源成立前洋产业赋能中心与前洋互联网研究院，为开发区十大百亿产业集群、产业链及企业提供顶层设计、生态建设、人才培养、金融赋值等 20 余项深度赋能服务，推动供应链产业数字化转型和互联网改造。截至 2019 年底，综合体已集聚各类赋能服务企业 121 家，累计为企业提供赋能服务 5903 家次。以"侨梦苑"品牌为引导，引入海智新材料研究所等高端人才引才载体，累计引进省级以上人才计划 10 人。引进包括中科院计算所在内的各类科研院校 5家；引进中俄创新中心、微总部、前洋 26（博洋）中心等各类创新型孵化器 9 家，落地孵化科研项目 300 余家。

### （二）柯桥经济技术开发区：传统产业转型升级实现绿色蝶变

近年来，柯桥经开区紧紧围绕"绿水青山就是金山银山"的绿色发展理念，积极抢抓国家级循环化改造示范试点园区建设的契机，持续加大腾笼换鸟力度，加快推进开发区绿色升级，成功创建浙江省美丽园区示范园区，在高质量循环化发展道路上探索出一条集群发展、协同共生、绿色循环、共建共享的新路径，为全国传统产业转型升级提供"柯桥样板"。

柯桥经济技术开发区近 5 年的成功实践，共淘汰落后印染产能 38.16亿米，环保设备投资超 15 亿元，国际绿色先进设备应用比重由 30% 升至60%，规模以上的工业增加值综合能耗同比下降 8.1%，每米印染布附加值提高 15% 以上，提质增效明显。同时，开发区新签约落地通用技术集团中纺绿纤、恒鸣化纤等一批绿色纤维、功能纤维企业，引进日本东伸、恒天立信、荷兰施托克、万加贸易等一批高端纺织印染机械装备制造企业，产业链竞争优势进一步确立，综合实力显著提升。

2019 年，柯桥经开区实现规模以上的工业总产值 1115 亿元，规模以上的工业增加值 262 亿元，财政总收入 121 亿元，自营出口 610 亿元，以占柯桥区 18.6% 的区域面积，贡献了 55% 的工业产值和 62% 的工业增加值。

通过统筹环保基础配套设施建设，企业节能改造和污染物排放治理水平不断提升。目前，园区二氧化硫、化学需氧量、氮氧化物年排放量较实施循环化改造前分别减少了 11659.1 吨、7164.6 吨、5954.6 吨，工业废水年排放量减少 3058.8 万吨，有效缓解了区域环境负荷。印染企业通过清洁生产审核率达 90% 以上，更涌现出一批绿色发展先进典型，如国家级"绿色工厂"迎丰科技，污水处理区采用目前行业内最先进的超滤膜反渗透方法，污水回用率已达到 60% 以上，其纺织品印染全流程绿色制造关键技术开发与系统集成项目入选国家绿色制造集成项目；乐高股份引进全国首个"无水印染"生产线，实现节水 80% 等；集聚提升后，企业实现节约用地 5205 亩、节约用水 7837 万吨，资源产出率由 0.33 万元/吨提高至 0.71 万元/吨，能源产出率由 0.383 万元/吨标准煤提高至 0.53 万元/吨标准煤，水资源产出率由 97.5 元/立方米提高至 145 元/立方米，土地产出率由 1235 万元/公顷提高至 1416 万元/公顷。园区工业固体废物综合利用率达 100%，工业用水重复率达 70% 以上，企业亩均税收大幅提升，例如"高亩产"标杆企业东盛印染亩均税收近 40 万元，是循环化改造前老厂的 6 倍多。

探究柯桥经济技术开发区的发展，可以发现该区发展以全要素集聚，理顺"协同共生"为总体思路，通过全产业链协同，实施"链式提升"发展战略，全域化提质，激发"循环经济"发展后劲。

一是全要素集聚，理顺"协同共生"总体思路。第一，推进核心产业集聚升级。通过"整合集聚一批、退出淘汰一批、兼并重组一批"，将柯桥 212 家印染企业整合提升成 108 家，全部集聚搬迁至柯桥经开区北部核心区块——蓝印时尚小镇，并以绿色高端、世界领先为目标，全面推进印染行业循环化改造，企业实施低浴比染色机应用、定型机煤改气（汽）、定型机余热回用、中水回用、废水"分质处理、分质回用"、蒸汽冷凝水回用等，基本实现绿色印染产业集聚区"零排放"。第二，提升上下游产业关联度。对园区内化工原料、金属制造、新材料、节能环保等上下游产业的水流、能量流、固废流进行综合分析，链接形成各产业间的协同循环链。同时强化实施以污水集中处理、废弃物综合利用等为主的 68 个重点改造项目，进一步提升产业链关联度，提高企业废弃物及副产品的循环利用率。第三，突出共建共享集成配套。加强园区内集中供水、供电、供热和污水、污泥集中处理等公共配套基础设施建设，推进共建共享。建成投产一批如江滨污水深度处理、龙德环保污泥焚烧等污废处置配套项目，实现110万吨/日的污水处理能力和4200吨/日的污泥处理能力。

二是全产业链协同，实施"链式提升"发展战略。第一，横纵结合"建链"。以大纺织"PTA—聚酯—化纤—纺纱织造—印染—服装"为横向核心的产业链，配套纺织印染机械装备制造、污废资源再生利用静脉产业等纵向延伸产业链，进一步完善构建了大纺织循环经济产业链、印染循环经济产业链、先进装备制造循环产业链、静脉产业生态链等四条循环型产业链。第二，政策引导"强链"。通过建立项目准入机制、循环经济政策激励机制、"三废"监测监管机制、"节奖超罚"考核制度、上下联动联审等各项制度，设立清洁生产和节能减排专项基金、四节一综合专项基金、循环化改造基金等3个专项基金，全面推广ISO14001环境管理体系认证、先进工艺替代和清洁能源替代等，不断提升产业核心竞争力。第三，优势再造"补链"。重整资源优势，实施高端织造、热电联产、天然气综合利用项目、生态廊道建设等关键补链项目14只，新链接华宇纸业、华鑫环保、鑫杰环保、金冶环保等污废处置项目，加强园区内外污泥、废纸、生活垃圾、金属尾砂、灰渣等固废流的循环再利用。

三是全域化提质，激发"循环经济"发展后劲。第一，进一步加大"互联网+"赋能。积极发挥政府引导、标杆示范作用，全面推动两化深度融合。同时建立现代纺织产业创新服务综合体、浙江先进印染制造业创新中心、纺织产业大数据服务平台等"线上线下"公共服务平台，鼓励政产学研用协同创新发展模式，全面引领整个行业向数字化、自动化、网络化、智能化方向发展。第二，进一步加强"产业链"招商。围绕柯桥纺织"市场+基地"的集聚优势和大纺织传承优势，实施产业链精准招商，形成纺织新材料、高端织造、纺织印染智能机械装备制造、人工智能、节能环保等新兴产业同步发展格局。第三，进一步加快"无废城市"建设。以绿色印染为支柱，以时尚文旅为支撑，积极打造产城融合"无废园区"。通过园区循环化改造提升固废综合利用能力，进而辐射全区"无废城市"建设试点工作，推动全区工业固废、危险废物、生活垃圾、建筑垃圾和农业废弃物等五类主要固体废物的减量化、资源化、无害化。

除此之外，柯桥经济技术开发区的发展为美丽园区的建设提供了新的范式与经验：首先，注重顶层设计引领。按照"集聚整合、控量提质、节能减排"的基本要求，对园区进行整体规划、整体配套。成立柯桥区印染产业集聚升级工程建设领导小组和国家循环化改造示范试点园区建设工作领导小组，建立工作专班统筹协调。以《关于柯桥区印染产业整治提升的若干意见》《绍兴市柯桥区人民政府办公室关于印发推进柯桥印染产业高质量发展实施方案的通知》《关于印发柯桥区全域印染企业改造提升行动方案的通知》《柯桥区"无废城市"建设试点工作实施方案》《柯桥区2020年打赢蓝天保卫战攻坚行动实施方案》等一系列实施意见、行动方案为根本遵从，从准入门槛、提升标准、改造形式等方面对印染行业的转型升级进行全方位把关。

其次，柯桥经济技术开发区还配套实施了一系列保障措施。第一，强化要素保障支撑。加大财政、土地、资金、人才、技术等要素保障力度。一是设立奖励基金。每年从柯桥区绿色印染产业集聚发展基金和柯桥区振兴实体经济（传统产业改造）财政专项基金两大基金中按一定比例奖励给企业用于设备技术改造，鼓励企业实施信息化、智能化、绿色化改造。二是加强政银企对接。鼓励金融机构加大对园区试点项目的金融支持力度，从融资、信贷等方面给予一定优惠和倾斜。三是强化技术支撑服务。加强与国内知名高校和研究机构技术的交流与合作，推进产学研用平台建设，成立印染产业工程师协同创新中心，为印染产业高质量发展提供智力支持。第二，坚持以点带面推进。通过前期调研走访，结合企业实际，制定"一企一策"方案，坚持示范先行与面上推进并举。将全区212家印染企业按原地整治提升51家，集聚入园115家，淘汰退出46家分类，整合减少至108家。并对整合集聚入园企业分三批逐步推进，首批选择集聚搬迁意愿强的26家企业作为示范，先行开展工作。至2018年底，三批共115家企业整合成57家印染企业全部搬迁进入开发区，柯桥印染产业集聚提升工程全面收官，成为全省传统产业转型升级试点并予以推广。2019年，绍兴市区印染化工产业跨区域集聚提升工程全面启动，传统产业改造提升试点迎来2.0升级版。

# 第三节　国际产业合作园建设

国际产业合作园区指一国与他国或国际经济组织通过政府间合作或政企合作共建的产业功能区。境内的国际产业合作园区指在一国国境内，借鉴他国规划技术经验与其他国家和地区政府或企业合作开发、园区内对合作国企业和跨国贸易实行特殊优惠政策、提供具有国际化特色、满足国际标准的配套和服务体系的国际合作产业园区。以苏州工业园区为代表的境内国际合作园区承接了国际产业转移，把发达国家和地区的产业园区规划建设经验引入中国，并吸收、转译、传播，带动国内产业园区的升级，拉动外向型经济发展，是中外产业合作、规划技术融合的空间载体和重要平台。

## 一、诞生背景

《国务院关于推进国家级经济技术开发区创新提升打造改革开放新高地的意见（国发〔2019〕11 号）》指出，要打造国际合作新载体，支持国家级经开区建设国际合作园区。浙江省经济技术开发区和经济开发区以占浙江约 7% 的土地，实现了全省六成的外资、一半的外贸、三分之二的规模以上的工业增加值和三分之一的财政收入。世界 500 强外商投资企业有 200 多家落户浙江开发区。当前，我国劳动力价格不断攀升，土地资源已现瓶颈，环保成本日益高涨，国际合作的游戏规则将进一步更新，一批以成本为竞争力的产业将加速转移。与此同时，以贴近中国市场为需求的产业合作机会也在不断生成，一出一进间满是机遇。浙江多年的开放发展实践也发现，许多国外优质中小企业迫切希望到中国发展，需要浙江提供一个精准服务的平台，进一步提升国际产业精准合作水平。将视线转回浙江，在转型升级的当口，及时抓住开放发展机遇，提出创建国际产业合作园，集聚更多高端资源要素，推动产业结构迈向中高端水平，持续提升浙江制造在全球价值链中的地位。

## 二、创建原则

### （一）坚持开放合作、创新共享

持续深入开拓以欧美国家为主的交流与合作，探索多元化合作模式、多领域合作内容。推广"工商峰会＋经贸促进＋产业对接"模式，依托各国驻华使领馆、我国驻外使领馆、驻外企业和机构等，在重点国家和地区开展系列主题招商和企业推介活动和重大项目、金融资本和人才对接等一系列活动。面向重点国家和地区，依托国内外知名媒体，加大了对浙江产业发展、合作政策、营商环境等的宣传力度。

### （二）坚持产业主导、创新合作

按照合作共赢和互利互惠的理念，立足浙江产业发展实际需要，精准对接国际前沿技术、新兴业态、高端装备和先进制造。综合推进生产、生活、生态融合发展，加快重大服务配套项目建设。推动国际先进技术、高端制造业项目、国际高端人才在国际产业合作园落地生根。

### （三）坚持规划引领、分步开发

引进利用国际先进的节能环保理念、模式、技术和管理资源，在园区发展规划、基础设施、长效运营等方面遵循绿色、低碳、循环发展。落实深化亩均论英雄，严格执行能源双控要求，促进集约节约发展。集中政府资源推动重点项目建设。探索引入国际化资本、运营机构和其他主体共同参与开发、建设、管理。引入更加专业化管理人才，推动园区主体化平台、市场化运作、持续化开发。

### （四）坚持创新体制、优化服务

不断健全国际化综合服务体系，以最多"跑一次"改革为牵引，为外资企业落户提供更多便利服务。复制推广自贸试验区试点经验，着力营造法治化、国际化、便利化的国际营商环境。探索创新多元化、多形式的财政资金支持方式，以因素法、竞争法、项目法等方式，通过投入补助、业绩奖励、政府采购、产业基金投资和强化政府服务等形式予以扶持。

## 三、目标任务

国际产业合作园应以"国际合作"和"产业发展"为主攻方向，在要素创新、模式创新、机制创新、资源优化、产业转型等方面进行一系列积极探索，通过整合国际资源和全球要素，加快推进产业集聚、产业创新和产业升级，使之成为全省经济高质量发展的新引擎、推动开放合作的新平台、强化创新驱动的新载体、促进绿色发展的新典范。通过深化创建，探索新时期浙江省国际产业合作园新的发展路径，打造一批开放程度高、产业结构层次高、研发创新功能强、国际交流渠道畅、综合服务效率好的国际化专业产业园区。国际产业合作园应达到以下目标任务：

### （一）开展全方位国际合作，提升开放型经济质量

与境外政府、中介机构、产学研单位和企业建立多渠道、多层次的交流合作关系，努力吸引国际高端产业以及国际贸易投资中搭载的技术创新能力和先进管理经验，探索实现开发区从成本优势向以人才、资本、技术、服务、品牌为核心的综合竞争优势转变，推动从规模扩张向质量效益提升转变，力争使园区成为对外开放和吸引外资的新型平台。探索港澳地区及外国机构、企业、资本参与国际产业合作园区运营；开展双向合作，积极参与国家战略"一带一路"建设；创新对外投资方式，设立海外产业创新服务综合体，引导企业境外并购回归。

### （二）聚焦国际产业链，打造现代产业体系

聚焦合作国家／地区的产业发展高地和技术创新高地，做好开发区产业链规划，精准定位产业链中的合作发展方向，创建特色创新创业载体，引进先进制造业企业、专业化"小巨人"企业、关键零部件和中间品制造企业，建设一批具有影响力的先进制造业产业链，推动块状特色产业做大做强，推动产业链现代化。发展研发设计、专业维修、物流服务和金融、审计、会展等生产性服务业，促进生产性服务业与制造业融合发展，打造现代产业体系。

### （三）推进优化营商环境，建设美丽园区

深化"放管服"改革，完善信息技术基础设施的建设和管理，优化营商环境。遵循绿色发展理念，推进"亩均效益"领跑行动，加大循环化改造力度，提高资源要素使用率，严格资源节约和环境准入门槛，创建生态园区。合理布局医疗健康、社区服务等生活性服务业，完善商贸、养老、文化、教育等功能配套，打造国际化社区。使国际产业合作园成为生产、生活、生态"三生融合"的美丽园区。

## 四、主要类型

国际产业合作园，顾名思义，以国际产业链的精准合作为重点，是"国别＋产业"为主体的精准合作，根据侧重点的不同，通常情况下分为两大类：

### （一）产业合作园

各国际合作园注重高端产业引领，多以智能制造、高端装备制造、生物医药、新能源、新材料、节能环保、现代服务业等产业为主导方向，一大批高质量项目相继开工或投产。园区重视项目质量，突出对主要合作国家项目的招引，关注引进项目的社会影响力、市场竞争力和辐射带动能力。以浙江省为例，位于中日（平湖）产业合作园的"光机电智造小镇"，是国际合作园区为发展智能装备制造产业而重点打造的高新技术特色小镇，集聚了一大批日资领军企业代表，吸引优质日资产业链企业，积极发展服务外包业，发挥产业集聚优势效益，此外还深入挖掘具备潜力的日系数字经济核心企业，加速产业优化。

创建此类国际产业合作园，首先要精准定位进行合作的产业链。围绕信息、环保、健康、旅游、时尚、金融、高端装备等省政府重点打造的七大产业发展领域，精准定位开发区发展的产业链，结合开发区实际，瞄准世界产业发展高地和技术创新高地，绘制产业招商地图，编制产业链的建链、强链、补链招商项目清单，寻找合作伙伴。其次要创建此类国际产业合作园，要深耕合作区域，不限于单个国别，可着重与"一带一路"沿线

地区合作，也可与欧美等发达国家和地区开展合作。

## （二）国别合作园

国际产业合作园的国别特征要求园区深耕合作国别，彰显所合作国家的产业、文化特点。在精准定位产业链发展的基础上，深入研究各国的产业特点，精准选择符合合作条件的国别和地区，多渠道、多层次地推进与合作国家/地区在相应产业方面的合作。在招商引资的同时，注重市场化的人才合作、技术合作，增加双方合作的黏度，形成两国企业的利益共同体。在人工智能、云计算、大数据、精准医疗、新材料、集成电路、机器人等领域，可重点对接美国、以色列等国家开展合作；在高端装备、培植制造、新能源汽车、精细化工等领域，可重点对接德国、日本、英国、法国、瑞士等国家开展合作；在时尚消费品、通信电子等领域，可重点对接意大利、韩国、新加坡、中国香港等国家和地区开展合作。在纺织、服装、化工、化纤等传统优势产领域，可重点对接俄罗斯、乌克兰等"一带一路"沿线国家开展合作。

例如，浙江中荷（嘉善）国际产业合作园探索"开发区 + 农业"发展模式。浙江中荷（嘉善）国际产业合作园近几年来紧密与和荷兰方合作，着力于发展二产、三产，引进了一批二产、三产项目。为了推动第一、二、三产业融合发展，最近与荷兰方紧密合作，规划建设浙江中荷（嘉善）国际产业合作园现代农业科技园。这是突破开发区以工业为主的发展模式，探索"开发区 + 农业"发展模式的有益尝试，丰富了开发区发展的内涵，也为如何发挥开发区在实施乡村振兴战略的作用提供有意义的实践样本。

## 五、初步成效

近年来，在新冠肺炎疫情影响下，国际产业合作园区作为各省市、国家级经开区有序开展稳外贸、稳外资工作的主要抓手和高能级对外开放平台，取得了明显成效。2022 年 1 月 27 日，商务部在例行新闻发布会中指出：国家级经济技术开发区（以下简称"经开区"）2020 年度稳外贸稳外资成效明显，进出口总额同比增长 9.2%，占全国进出口总额比重为 21.7%；实际使用外资和外商投资企业再投资同比增长 4.8%，并进一步提出支持有条件的国家级经开区开展国际合作园区建设。

### （一）园区地位持续提升

经过多年来的探索实践，各地国际产业合作园积极与境外政府机构、投资促进机构、国际商协会、产学研单位、国际投资中介等搭建了友好桥梁，建立了多层次、多领域的交流合作关系，开创了各自独特的、具有鲜明特色的高能级对外开放平台。同时，以国际产能对接为主要任务，担当起新时代高水平开放、高质量发展的排头兵。随着对外开放战略不断深入，特别是 2013 年"一带一路"倡议提出之后，越来越多的国家期望与中国展开深度合作，国际合作园也成为外资企业走进中国的首选地。国际产业合作园已逐步成为浙江省"一带一路"枢纽中的新地标，开辟了开放强省的新路径。

### （二）优质资源持续集聚

国际产业合作园建设依托本地禀赋，探索与具有高端制造业、企业和人才、技术等优质资源的目标国合作，拉动本地产业转型升级。目前已成功引进对应合作国家项目 300 多个、投资总额超过 70 亿美元。与此同时，园区服务配套不断优化，营商环境持续改善。一个国际社区、一所国际合作学校、一家国际合作医院、一个以上国际友城、一批国际知名的法务、金融等功能性机构的一整套系统集成的园区配套留住了更多的外籍高层次人才和管理团队，为园区产业的转型升级提供源源动力。

### （三）提供创新发展路径

园区通过推进创新能力开放合作，强化精准招商引资，探索了开发区转型升级的新模式。国际产业合作园以"国际合作"和"产业发展"为方向，积极探索要素、模式、机制、资源等方面的创新路径，统筹利用国际国内两个市场、两种资源精准招商，破解传统开发区模式的发展瓶颈，发展更高层次的开放型经济。如浙江中荷（嘉善）产业合作园发挥园区驻荷兰办事处的窗口作用，2018 年在李克强总理见证下，与荷兰锂能沃克斯集团签订总投资 16 亿欧元的新能源项目合作协议。

表 4-1　2020 年浙江省国际产业合作园区一览表

| | | | |
|---|---|---|---|
| 杭州市 | 新加坡杭州科技园 | 嘉兴市 | 浙江中德（嘉兴）产业合作园 |
| | 浙江中瑞（萧山）产业合作园 | | 浙江中荷（嘉善）产业合作园 |
| | 浙江中以（余杭）产业合作园 | | 浙江中日（平湖）产业合作园 |
| 宁波市 | 中意宁波生态园 | 绍兴市 | 浙江中法（海盐）产业合作园 |
| | 浙江中捷（宁波）产业合作园 | | 浙江中丹（上虞）产业合作园 |
| 温州市 | 温州韩国产业园 | 衢州市 | 浙江中韩（衢州）产业合作园 |
| 湖州市 | 浙江中德（长兴）产业合作园 | 舟山市 | 中澳现代产业园（舟山） |
| | 浙江中韩（吴兴）产业合作园 | 台州市 | 浙江中德（台州）产业合作园 |
| | 浙江中美（湖州）产业合作园 | | |

资料来源：浙江省商务厅。

表 4-2　2020 年度国际产业合作园考评得分及位次情况

| 位次 | 合作园简称 | 总分值 | 位次 | 合作园简称 | 总分值 |
|---|---|---|---|---|---|
| 1 | 中日（平湖） | 98 | 10 | 中法（海盐） | 72 |
| 2 | 中美（湖州） | 95 | 10 | 中丹（上虞） | 72 |
| 3 | 中德（长兴） | 92 | 12 | 中德（台州） | 70 |
| 4 | 中韩（吴兴） | 90 | 13 | 中瑞（萧山） | 69 |
| 5 | 中荷（嘉善） | 86 | 14 | 温州韩国 | 66 |
| 6 | 中德（嘉兴） | 83 | 15 | 中以（余杭） | 55 |
| 7 | 中韩（衢州） | 82 | 15 | 中捷（宁波） | 55 |
| 8 | 中意宁波 | 78 | 17 | 中澳（舟山） | 49 |
| 9 | 新加坡杭州 | 73 | | | |

资料来源：浙江省商务厅。

## 六、"扩容"行动

自 2015 年开始创造性地开展国际产业合作园创建工作以来，浙江省开发区按照省委省政府"大力建设国际产业合作园"的要求，以开放为旗帜，以产业为基础，以创新为核心，以质量为根本，打响园区品牌，强化精准招商引资，开展多层次、多领域的国际合作，建设了一批国际产业合作园，国际产业合作园成为开放强省的排头兵。经过 6 年多的建设，浙江省 17 个国际产业合作园一年可贡献全省约 9% 的实际使用外资。

然而，国际合作不广不深的问题依然存在。为发展更高层次的开放型经济，进一步塑造国际竞争新优势，充分发挥产业优势和制度优势，推动国际产业合作园深化发展，2022 年 5 月，浙江公布新一批 9 家国际产业合作园创建培育名单。这是浙江在 2015 年启动国际产业合作园建设以来，规模最大的一次"扩容"行动。

表 4-3　2021 年浙江省国际产业合作园创建培育名单

| 2021 年浙江省国际产业合作园创建培育名单 | |
|---|---|
| 浙江中芬（南浔）产业合作园 | 浙江中韩（桐乡）产业合作园 |
| 浙江中德（德清）产业合作园 | 浙江中日（武义）产业合作园 |
| 浙江中英（秀洲）产业合作园 | 浙江中德（丽水）产业合作园 |
| 浙江中德（平湖）产业合作园 | 浙江中德（缙云）产业合作园 |
| 浙江中英（海宁）产业合作园 | |

资料来源：浙江省商务厅。

新一轮的国际产业合作园创建培育名单显示，9 家国际产业合作园的创建培育对象集中在嘉兴、湖州以及山区 26 县。其中，嘉兴占 4 家，分别位于秀洲、平湖、海宁、桐乡；湖州有 2 家，分别在南浔、德清。在山区 26 县中设立了中日（武义）、中德（丽水）、中德（缙云）3 家国际产业合作园。名单显示，浙江除了继续挖潜嘉兴、湖州毗邻上海的优势资源之外，也充分考虑了山区 26 县发展的实际需要，力求通过国际产业园的创建培育进一步破解两极分化现象。新的国际产业合作园将面临更加严格的考核，在经过 1 至 3 年的创建培育期后进一步考核确定能否顺利通过。

# 第四节　产业链"链长制"试点

产业链供应链稳定是畅通国民经济循环的基础，也是应对危机和中长期发展的需要。2019 年 8 月，习近平总书记在中央财经委员会第五次会议上指出，要充分发挥集中力量办大事的制度优势和超大规模的市场优势，以夯实产业基础能力为根本，以自主可控、安全高效为目标，以企业和企业家为主体，以政策协同为保障，坚持应用牵引、问题导向，坚持政府引导和市场机制相结合，坚持独立自主和开放合作相促进，打好产业基础高级化、产业链现代化的攻坚战。2020 年 4 月，习近平总书记在中央财经委员会第七次会议上强调，产业链、供应链在关键时刻不能掉链子，这是大国经济必须具备的重要特征。为保障我国产业安全和国家安全，要着力打造自主可控、安全可靠的产业链、供应链，力争重要产品和供应渠道都至少有一个替代来源，形成必要的产业备份系统。2021 年 1 月，习近平总书记在省部级主要领导干部学习贯彻党的十九届五中全会精神专题研讨班上指出，要塑造我国参与国际合作和竞争新优势，重视以国际循环提升国内大循环效率和水平，逐步建立现代产业链的"链长"。

产业链"链长制"来源于浙江区域经济制度演变，是自发的市场与自觉的政府结合的产物。2019 年 8 月，浙江省商务厅在全国首创"链长制"工作制度，旨在应对中美经贸摩擦对国内产业链的冲击。在逆全球化的背景下，"链长制"不是终点而是开始。"链长制"成为推动经济开发区产业链高质量发展，为推动区域块状特色产业做大做强。

浙江是我国东部沿海地区发达省份，经济外向度水平高。国际大环境复杂变化，浙江开放型经济首当其冲。为维护产业链的安全稳定运行，推动区域块状特色产业做大做强，全域推行实施"链长制"，围绕补链、延链、强链进行了创新实践探索，主要包括：一是在已有市场基础上筛选关键重点产业链；二是结合产业链特点确定"链长"及具体职责；三是形成政府、市场、协会相互协同的工作运行机制；四是以示范带动推动产业链提质升级；五是提供全方位要素保障和政策配套。

"链长制"是新发展格局下强化产业链高质量发展的制度创新，是市场选择与政府引导的有机结合，对于精准破除要素市场壁垒、有效对接国际国内市场、有序引导产业链升级、更好促进协同融通发展具有实践意义，各地也具备推行"链长制"的经济基础和优势。

## 一、产业链"链长制"的提出背景

"链长制"是新形势下确保产业链供应链安全、提升产业链现代化水平的重要制度创新，其发展与全球产业分工格局调整与国家竞争优势变化紧密相关。全球战略家帕拉格·康纳指出，21世纪本质上是供应链的角力，这一观点在当前国际竞争格局中得到进一步证实。

从外部环境看，当今世界处于百年未有之大变局，受国际金融危机和贸易保护主义影响，全球跨国投资增长下降、贸易持续低迷，加之新冠肺炎疫情全球蔓延态势尚未得到有效缓解，逆全球化思潮带来的产业链、供应链、价值链布局面临严峻挑战。改革开放40多年来，中国充分发挥比较优势，通过承接国际产业转移融入全球产业链，从农业国成长为世界制造业第一大国，建立了门类齐全、体系完整、规模庞大的产业体系，中国全球价值链参与程度相对较高且趋于稳定，虽然仍处于全球价值链的相对下游位置，但已触及发达国家控制的高附加值、垄断性产业链环节。单一点位断裂对整个产业链和地方经济发展的倾覆性风险，表露出已有国际产业链分工格局的脆弱性。在这种情况下，我国外部面临不确定性风险逐步增加，产业链供应链安全问题放在尤其重要位置。

从自身发展看，我国很多领域产业基础能力不足，部分核心环节和关键技术受制于人，产业创新能力不强，不仅会影响产业链上下游的正常运行，也会使得创新的成本大大增加。比如，华为芯片断供暴露出中国在芯片制造环节的短板，"卡脖子"问题不解决，产业安全就得不到保障。以中美贸易争端为代表的国际贸易问题、全球新冠肺炎疫情大流行带来的供应链受阻，这些都对我国产业链发展带来较大压力，部分产业链供应链对发达经济体的依赖性仍然较高，相应地脆弱性也得到充分暴露。全球市场一些领域出现的消费萎缩、物流不畅、企业倒闭情况，对中国的产业可持续发展也提出了严峻挑战。在这种情况下，传统地方经济发展模式强调的粗放式招商引资，基于劳动、土地等要素成本优势的分工格局也面临越来越大的制约。

产业链水平可以体现出一个国家的综合经济实力和竞争力。利用最前沿的科学技术和最先进产业组织方式，提升产业链现代化水平，使产业链具备高端链接能力、自主可控能力和领跑全球的竞争力，是建设制造强国的必由之路。新冠肺炎疫情严重冲击全球产业链供应链安全稳定运行，越来越多的国家考虑在区域内建立更完整、安全的产业链供应链。如何应对外部环境变化带来的挑战，有效保障产业链安全畅通，进一步提升产业链现代化水平，是立足新发展阶段、贯彻新发展理念、构建新发展格局所必须回答的关键问题。

党的十九大以来，党中央已经对提升产业链现代化水平进行了多次战略部署。习近平总书记先后在中央财经委员会、中央经济工作会议上强调，要以夯实产业基础能力为根本，围绕"巩固、增强、提升、畅通"八字方针，支持上下游企业加强产业协同和技术合作攻关，增强产业链韧性，提升产业链水平，打造一批有国际竞争力的先进制造业集群。浙江是我国东部沿海地区发达省份，经济外向度水平高、受国际大环境变化影响首当其冲。2020 年 3 月，习近平总书记在浙江考察时强调，要在严格做好疫情防控工作的前提下，有力有序推动复工复产提速扩面，积极破解复工复产中的难点、堵点，推动全产业链联动复工。要加强对国际经济形势的研判分析，及时制定有针对性的政策举措，保持国际供应链畅通，保障各类经贸活动正常开展。

为应对国际经贸摩擦，维护产业链安全稳定，推动区域块状特色产业做大做强，浙江省早在 2019 年就发布了《浙江省商务厅关于开展开发区产业链"链长制"试点进一步推进开发区创新提升工作的意见》，要求各开发区确定一条特色明显、有较强国际竞争力、配套体系较为完善的产业链作为试点，系统性提出"链长制"全域实施方案。2020年，为应对复杂形势对产业链的冲击，浙江率先以"链长制"应对疫情冲击加快复工复产，出台《浙江省商务厅关于进一步落实开发区产业链"链长制"推动企业复工复产推动开发区产业链稳定的通知》。此后，全国20多个省市相继推出各自的"链长制"，围绕补链、延链、强链进行了创新实践探索。由此，"链长制"作为一种具有中国特色的制度创新，引起了国内外高度关注。

## 二、产业链"链长制"的发展历程

"链长制"是产业发展到一定阶段的特有产物，对于有效提升产业链自主性、可持续性，不断增强产业链韧性具有重要意义。从园区开发吸引企业投资到产业链抱团招商，再到补链、延链、强链，其发展始终遵循产业发展的自身逻辑，并伴随全球产业链调整不断演进，大致可分为三个阶段。

### （一）依托比较优势逐步融入全球产业分工体系

20世纪90年代以来，伴随着经济全球化加速发展，跨国公司通过在海外设立经销商、授权海外代工企业生产、直接在海外建立生产基地或者研发基地等多种形式，将产业价值链中可分解制造和组装的部分从发达国家转移到发展中国家，不同国家之间的贸易分工演变为不同环节或工序之间，发展形成了全球产业链。中国依托比较优势，承接劳动密集型产业或环节，逐渐嵌入全球价值链的中低端。这一过程实际上也是追赶型经济体更有效利用自身资源禀赋、实现经济起飞并融入全球经济的过程。

加入世界贸易组织后，中国充分利用国内外两种资源和两个市场，在全球分工体系中的地位也正发生深刻的变化。随着全球范围制造业分工不断细化，产业进入壁垒明显降低，越来越多的资本技术密集型环节开始向中国扩散，使得中国获得了更多参与全球分工的机遇，较快建立了相对完整的制造业生产体系，并在多数领域确立了明显的规模优势。与此同时，随着自身产业升级步伐加快，中国与发达国家之间的制造业横向分工关系进一步深化，形成了一种纵横交错、互补与竞争并存的关系。这一时期，开发区的传统发展模式在较大程度上带动了区域经济社会的发展，较为迅速地完成初步工业化、资本原始积累，稳步提升在全球产业链中的分工地位，国内产业链及其与全球产业链更加紧密。

受益于外部环境的开放发展，浙江民营中小企业大量涌现，各地专业市场迅速发展，不少开发区逐渐成形，在一定区域内出现了专业化分工和产业集聚，形成了具有县域特色、以传统产业为主的块状经济。2003 年，浙江省提出"八八战略"，明确进一步发挥块状特色产业优势，加快先进制造业基地建设，走新型工业化道路。加快改造提升传统产业，使传统产业逐步从成本和速度优势向技术和产业链整体优势转化，大力发展高新技术产业和高附加值加工制造业，在新的产业领域形成竞争优势。块状经济的空间布局逐渐纳入开发区，内部产业关联度增强，产业链不断延伸，配套机构逐渐完善。这一时期，开发区招商逐步由依靠特殊优惠政策、廉价要素供应和体制机制优势转为主攻重大项目和龙头企业引进，不断塑造区域竞争新优势。这一时期，浙江不少开发区成立了产业链工作领导小组或专班，"链长制"已显雏形。

### （二）抢抓全球产业链转移新机遇加快转型升级

长期以来，发达国家始终占据全球产业链和价值链的高端位置，但正面临来自新兴经济体的挑战。2008 年全球金融危机后，世界经济陷入持续低迷，国际市场需求萎缩，国际经济循环动能弱化。由跨国公司主导的全球产业链难以继续扩张，以大规模跨国投资驱动、高增长中间品贸易为特征的全球价值链步入深度调整期。发达国家开始意识到，不能一味地把制造业等产业转移海外，制造业不仅带来广阔的就业市场，也能在国际产业链中持续保持主导地位。在经济全球化和新一轮科技革命的作用下，以美国为首的发达国家提出"新经济战略"，即要回归实体经济，经济增长转向出口推动型增长和制造业增长。新一轮全球范围产业转移正在悄然进行，产业空间布局开始围绕细分产业展开。

在这一过程中，中国制造业价值链开始向更多国家和地区拓展，并在电子等全球化特征突出的产业形成了以中国为核心的全球生产体系。据统计，中国多数产业的生产规模都超过全球的 30%，电子电器等产业的规模甚至超过全球的 40%，加上为中国提供各种配套并形成稳定分工关系的其他生产能力，总体规模占到全球的 60% 以上。尽管中国制造业规模很大、参与国际分工格局程度很高，但由于整体产业发展水平较低，不仅产业受制于人、附加价值低，而且参与国际分工的代价巨大，仍处于国际分工体系的低端，加之中国的劳动力成本不断上升，一些劳动密集型产业正在从中国向周边成本更低的发展中国家转移甚至向发达国家回流，转型升级和跨越发展的任务紧迫而艰巨。近年来，中国通过产业改造提升、发展先进制造业和战略性新兴产业、拓展产业链等方式，逐步消除全球产业链转移带来的不利影响。

受全球金融危机冲击，浙江企业陷入了前所未有的困境，块状经济也暴露出许多结构性矛盾。从全球价值链角度而言，浙江块状经济大多处于价值链的低端，掌握的是利润相对较低的生产、组装环节，其先发优势正在逐渐减弱，同质化问题日益突出。为此，浙江省政府于 2009 年出台了《关于加快块状经济向现代产业集群转型升级的指导意见》，提出到 2012 年，形成 10 个左右销售收入超 1000 亿元、20 个左右 300 亿元至 1000 亿元、60 个左右 100 亿元至 300 亿元的产业集群。集群内形成功能完善的专业化分工协作体系、产业公共服务平台和支撑体系，创建一批知名度高的区域产业集群品牌。此后，又出台重点产业调整振兴规划，积极培育和发展战略性新兴产业，选择性产业政策体系得到强化。这一时期，开发区大力推行产业链招商，引进和培育一批在全球范围内有竞争优势的大企业，以及富有创新力、专业化程度高、协作能力强的中小企业，不断提升中国制造在全球产业链供应链的竞争力。这一时期，浙江省正大力推行"河长制"，不少开发区借鉴"河长制"经验，在实践中开展"链长制"。

### （三）新发展格局下强化产业链供应链安全

当前，世界大变局加速演化特征日趋明显，全球化遭遇逆风，贸易保护主义、单边主义抬头，中美贸易摩擦逐渐升级，发达国家由"去工业化"转向"再工业化"，全球产业链供应链进入重构阶段，服务于美国市场的产业链包括高端产业和中低端产业可能会加速向外转移。新冠肺炎疫情全球大流行使得跨国公司更为重视产业链供应链的多元化，维护产业链供应链安全已成为重大课题。

产业链供应链安全性和竞争力是构建新发展格局的基础，也是统筹发展和安全的需要。只有充分强化产业链供应链安全保障制度改革的重要位置，才能有效畅通国民经济循环，推动国内国际双循环相互促进。应当看到，我国重点领域产业链供应链自主可控能力不强，部分关键核心技术安全隐患较大，确保产业链供应链安全还面临诸多挑战。一是重点领域关键核心技术严重受制于人。从贸易结构看，我国出口主要以中低技术、低附加值产品为主，高端技术、高附加值产品高度依赖进口，2020 年我国芯片进口额高达 3500 亿美元。特别是在基础材料、基础零部件、关键设备、科学实验仪器仪表、工业软件等领域，我国供给短板明显，"卡脖子"技术较多，安全隐患较大。二是产业链供应链共生发展的生态尚未形成。我国很多产业链前后向关联不够紧密，上下游协同创新能力有待提升，产业链供应链共生发展的生态尚未形成。以集成电路行业为例，很多地方企业发展所需的关键材料和大量危化品原料在本地和周边地区找不到配套企业。三是高端专业人才供给和储备不足。受收入、户籍制度等因素影响，制造业人才流失也比较严重，部分高技能人才流向金融、信息服务业后收入至少翻倍，制造企业招引高端人才更加困难。

2019 年中美贸易摩擦进一步加剧，对包括浙江在内的东部沿海省份外贸外资产生了较大冲击，担心外贸格局被打乱、美国市场被打没、投资企业被打跑、优质企业被打垮、产业链被打断、就业平衡被打破，进而可能导致产业链断裂、产业空心化风险不断加剧。为了前瞻性地应对这六大隐忧，同时积极落实中央财经委员会第五次会议精神，浙江省商务厅于 2019 年 9 月出台了《关于开展开发区产业链"链长制"试点进一步推进开发区创新提升工作的意见》。2020 年初，突如其来的新冠肺炎疫情给经济社会造成巨大影响，外需断崖式下跌，出口依存度高的产业链受损严重。为了统筹推进疫情防控和复工复产，浙江省商务厅于 2020 年 2 月发布《关于进一步落实开发区产业链"链长制"推动企业复工复产确保开发区产业链稳定的通知》，提出高效运转开发区产业链链长制"九个一"工作机制，抓好产业链特别是防疫物资产业链的"建链、补链、强链、延链"工作。

## 三、产业链"链长制"的主要内容与作用机制

作为中国改革创新先行省，浙江先后经历了以市场为依托的块状经济、以产业集群化为特色的区域经济和资源高度集聚的区域经济三大阶段，优质产业资源要素的集聚成为新发展阶段区域核心竞争力的主要来源。"链长制"通过建立"九个一"工作机制，从发展规划、支持政策、空间平台、龙头企业培育、共性技术支撑平台、专业招商队伍、发展指导专员、分工责任机制和年度工作计划多个维度实施"全周期"保障，由地方党政主要领导亲自挂帅，集中力量重点突破产业链薄弱环节，通过"建链、补链、强链、延链"持续提升产业链现代化水平。

"链长制"以产业"链式"思维代替传统"块状"思维，通过合理布局开发区产业，推动资源整合机制、动力协同机制和风险防范机制有效运行。资源整合机制：实施产业链精准招商，培育一批龙头企业，集聚数据、技术、信息、资金、劳动、土地等高端要素，打造一体化共享产权池。建立"链长""链主"协同合作机制，统筹利用好国内国际两个市场、两种资源，畅通国内国际双循环。利用共性技术支持平台，开展产业链备份建设，加快关键技术和产品国产替代，切实维护产业链安全稳定。

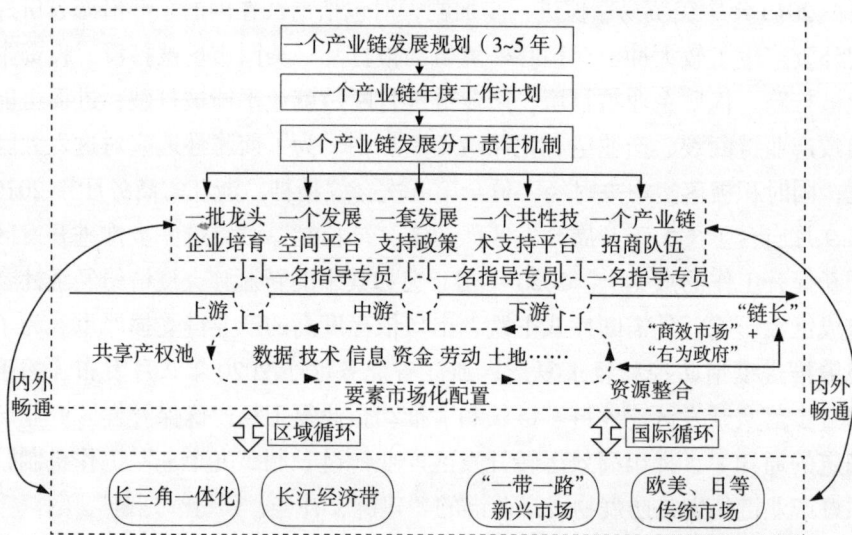

图4-1 浙江产业链"链长制""九个一"机制运行机理图

作为一种新兴的制度探索，"链长制"具体做法仍处于不断完善中，最终成效还需进一步观察和检验。当前，"链长制"能够在新形势下应运而生，并得到不少地方政府认同和推广，是地方政府对产业政策形态所做的突破性尝试。从提升产业链现代化水平上看，"链长制"对于精准破除要素市场壁垒、有效对接国际国内市场、有序引导产业链升级、更好促进协同融通发展具有借鉴意义。

## （一）两手有效结合，精准破除要素市场壁垒

一方面，要厘清"链长制"的行政边界，减少行政干预对产业链供应链的要素配置扭曲，充分发挥市场对产业链供应链要素配置上的决定性作用，确保参与产业链供应链的市场主体公平获取生产要素权利，通过市场竞争促进要素流向收益率最高的产业链供应链节点，在要素市场出清条件下实现更高水平的均衡。另一方面，要充分发挥"链长制"的组织协调作用，明确"链长"以及不同职能部门的权责关系，清除要素流动的体制机制障碍，帮助企业降低制度性交易成本，消除各种阻碍产业链创新、多链融合的政策壁垒，为企业参与市场竞争营造公正透明的外部环境，促进产业链供应链要素配置整体效率的提升。

## （二）内外联通互动，精准对接国际国内市场

实行"链长制"要做到内部和外部的互联互通，精准对接国际国内市场。一方面，要树立区域一体化与全球化思维，加强国际协调合作，积极融入国际政治经济发展新格局。在中美经贸摩擦背景下，要强化与欧洲、日韩等发达国家在产业领域的合作，以及积极拓展和关键小国的产业合作。另一方面，要立足国内循环，切实发挥我国内需潜力巨大、市场规模超大的优势，发挥自身优势由关键点引领链，由关键链带动域面，由域面交织成网络系统，通过不断优化营商环境、积极招商引资，补足产业链上的短板，推动产业链中的点、线、面、网的不断升级，形成全球资源要素的引力场以及高质量对外直接投资，最终推动产业链的区域互动与全球对接。

### （三）上下紧密配合，精准引导产业链升级

实行"链长制"要做到顶层设计和基层落实紧密配合，精准引导产业链升级。一方面，要了解国家和区域的产业链"总图"和"分图"，掌握本区域产业链"底图"，抓住关键性技术和共性技术的突破口，以产业链调研为基础，产业技术图谱为蓝本，对重点攻关和畅通产业链的上下游关键环节，提出产业链现代化的发展思路、具体方向、总体目标和年度计划。另一方面，破除各类行政治理的空间边界藩篱，采取"一链一策"的方式建立问题快速解决机制，帮助企业解决跨省、跨境产业链协同问题，全力疏通堵点、连接断点，实现产业区域优势互补，避免同质化竞争，有解决产业链循环中的"第一公里"和"最后一公里"问题。

### （四）正视"两对关系"，学习借鉴中不断完善

正确处理政府和市场的关系。实行"链长制"要避免陷入全能政府陷阱，重视发挥"链主"在市场机制下协调产业链的基础性作用。"链长"作用的发挥应从干预市场、替代市场的模式，逐渐转到弥补市场不足的模式上来。"链长"要成为产业链发展的引导者，通过自上而下的引导与自下而上的创新良性互动，推动政府职能从管理型向服务型转变，积极创造稳定、透明、可预期的营商环境。在顶层，主要由省经信厅和商务厅牵头，在大量深入调研的基础上制定指导性政策文件，提供战略性规划引领。在基层，主要由开发区落实，探索切实可行的具体办法。顶层与基层之间保持密切沟通，及时总结和吸收基层的试验经验，不断调整和优化顶层的指导策略。"链长制"应建立官民协调、多方利益主体共同参与的政策制定和工作机制，更好地听取各个市场主体和社会团体的意见，调动各方利益相关者的积极性，提高政策的实施效率。

正确处理局部和整体的关系。实行"链长制"要树立全产业链"一体化"发展的意识，处理好产业链局部环节和整体链条发展的关系，逐步打破区域行政壁垒和所有制歧视，遵循本地区禀赋结构比较优势，在更大空间范围内形成产业链分工与协作。全国要素统筹配置要有"一盘棋"，地区间应跳出僵化的行政格局，积极配合国家战略部署，建立多样化沟通渠道和

平台，结合本地区的实际情况进行错位发展，避免过度或恶性竞争引发的地方保护、市场割据和重复建设等问题，做好区域之间的优势互补和协同共生。

表4-4　浙江产业链"链长制"相关政策汇总

| 时间 | 文件名称 | 发布机构 | 主要内容 |
| --- | --- | --- | --- |
| 2019.08 | 《关于开展开发区产业链"链长制"试点进一步推进开发区创新提升工作的意见》 | 浙江省商务厅 | 要求各开发区确定一条特色鲜明、有较强国际竞争力、配套体系较为完善的产业链作为试点 |
| 2020.02 | 《关于进一步落实开发区产业链"链长制"推动企业复工复产确保开发区产业链稳定的通知》 | 浙江省商务厅 | 提出各开发区要充分运用开发区产业链"链长制"的制度动员力，充分发挥开发区产业链"链长制"的机制优势，在抗击疫情和企业复工复产中作出积极的贡献 |
| 2020.05 | 《浙江省人民政府关于做好稳外资工作的若干意见》 | 浙江省人民政府 | 实行开发区产业链"链长制"，着力招引产业链关键环节，以点带面提高开发区产业向国际价值链中高端跃升 |
| 2020.05 | 《关于开展开发区"链长制"创建申报工作的通知》 | 浙江省商务厅 | 要求开发区进一步加快恢复生产生活秩序，以产业链"链长制"工作为抓手，落实专人抓紧申报 |
| 2020.05 | 《关于整合提升全省各类开发区(园区)的指导意见》 | 浙江省人民政府 | 提出每个开发区（园区）原则上不超过3个主导产业，推动产业集聚向产业集群转型升级。实施产业链"链长制"等长效机制，增强产业链韧性 |
| 2020.05 | 《关于打造高能级战略平台的指导意见》 | 浙江省人民政府 | 发挥高能级战略平台在境外贸稳外贸中的核心支撑作用，实施产业链"链长制"，重点招引产业链和价值链中高端冠军企业 |
| 2020.08 | 《浙江省实施制造业产业基础再造和产业链提升工程行动方案（2020-2025）》 | 浙江省人民政府 | 建立产业链服务推进机制，省制造业高质量发展领导小组统筹推进产业基础再造和产业链提升工程，建立省政府领导挂帅联系十大标志性产业链工作机制 |

| 时间 | 文件名称 | 发布机构 | 主要内容 |
|---|---|---|---|
| 2020.09 | 《关于印发浙江省十大标志性产业链"链长制"工作方案通知》 | 浙江省制造业高质量发展领导小组 | 制订了数字安防、集成电路、网络通信、智能计算、生物医药、炼化一体化于新材料产业－乙烯、炼化一体化与新材料电子化学材料、节能与新能源汽车、智能装备数控机床、智能装备－机器人、智能家居、现代纺织产业链工作方案 |
| 2020.10 | 《关于浙江省开发区产业链"链长制"试点示范和试点单位公示》 | 浙江省商务厅 | 拟认定杭州经济技术开发区等27家开发区为"链长制"试点示范单位,38家开发区为"链长制"试点单位 |
| 2021.06 | 《浙江省商务高质量发展"十四五"规划》 | 浙江省人民政府 | 全国推广开发区产业链"链长制",推动试点全覆盖,重点引导外资投向四大世界级产业集群和十大标志性产业链,推动产业链供应链多元化 |
| 2021.06 | 《浙江省人民政府关于加快促进高新技术产业开发区(园区)高质量发展的实施意见》 | 浙江省人民政府 | 深化"链长制",推进产业链、供应链,创新链深度融合。加快构建现代产业体系,培育先进制造业集群和拥有较强竞争力创新力的产业群 |
| 2021.06 | 《浙江省高端装备制造业发展"十四五"规划》 | 浙江省经济和信息化厅 | 在优化外资投资环境方面,提出布局招商引资效能提升,在创新提升国家级经济技术开发区方面,提出要创新和优化招商引资方式等 |

## 四、产业链"链长制"的主要做法

维护产业链供应链安全稳定,不仅对于推动疫情后企业复工复产具有重要意义,也是我国加快形成以国内大循环为主体,国内国际双循环相互促进的新发展格局的关键基础。为此,案例调研组于3月1日—3日赴浙江省就"链长制"进行深入访谈,走访产业链上下游企业,进一步了解发达省份开发区推行"链长制"的典型经验做法,总结提炼顶层设计思路、主要运行机制、相应配套政策等。总体来看，"链长制"的实践探索，顺应产业发展自身规律，致力于打造新时期产业集群、促进产业转型升级，能够更好保障重点企业和配套产业链企业持续稳定生产。

## （一）在已有市场基础上筛选关键重点产业链

筛选产业链是推行"链长制"工作的第一步。在全省或开发区的地域范围内，往往有多个产业共存发展，但是并非所有产业都需要建立"链长制"。为此，浙江在全省范围内选择了 10 大标志性产业链，每个开发区确定 1 条产业链（见表 4-5）。与此同时，在 61 家开发区内也形成了 66 条产业链。其中，27 家开发区被评为"链长制"试点示范单位（包括 27 条产业链），38 家开发区被评为试点单位（包括 39 条产业链）（见表 4-5）。

已建立"链长制"的产业链通常具有以下特点：一是区域发展特色明显，国际竞争力较强，产业链基础配套较为完善；二是产业规模影响较大、辐射带动作用广，产业链发展前景好；三是产业存在发展短板问题，面临现实和潜在的产业链供应链安全风险。总体来看，这些产业链涉及产业门类众多，既有传统产业（如汽车产业和家具产业），也有新兴产业（如智能计算和网络通信），既有战略产业（如集成电路），也有民生产业（如纺织产业）。省级标志性产业链和开发区试点产业链之间具有密切的联系。开发区的 66 条试点产业链绝大部分都可以归入 10 大标志性产业链的产业大类中，是标志性产业链大链的组成支链，不同开发区同类产业链之间既有竞争也有互补关系。

表 4-5　浙江省实行"链长制"的产业链

| 全省 10 大标志性产业链 | 开发区 66 条产业链 |
|---|---|
| 数字安防产业链 | — |
| 集成电路产业链 | 4 家开发区的相关产业链，涉及芯制造、集成电路、泛半导体等产业 |
| 网络通信产业链 | 4 家开发区的相关产业链，涉及 5G、电子信息装备、通信电子等产业 |

| 全省 10 大标志性产业链 | 开发区 66 条产业链 |
|---|---|
| 智能计算产业链 | — |
| 生物医药产业——化学药产业链 | 6 家开发区的相关产业链，涉及生物医药、医疗器械、医药化工、甾体医药等产业 |
| 炼化一体化与新材料产业链 | 9 家开发区的相关产业链，涉及绿色石化、MDI、新材料、化工新材料、环保新材料等产业 |
| 节能与新能源汽车产业链 | 13 家开发区的相关产业链，包括新能源汽车、汽车零部件、整车制造等产业 |
| 智能装备产业链 | 15 家开发区的相关产业链，涉及通用航空、临港装备、精密机械、模具、电动工具、现代化电器等产业 |
| 智能家居产业链 | 5 家开发区的相关产业链，涉及绿色家具、智能装饰、集成家具、木门和高端智能厨电等产业 |
| 现代纺织产业链 | 4 家开发区的相关产业链，涉及时尚纺织、生态合成革、时尚鞋服等产业 |
| — | 其他 6 家开发区的相关产业链，涉及水饮料、港航物流、眼镜、健康视频、幼教木玩、运动休闲文化等产业 |

## （二）结合产业链特点确定链长及具体职责

筛选好产业链后，必须充分考虑各类产业链特点，建立政府领导挂帅联系制度，明确各条产业链的链长。由于各条产业链的涉及范围和所在地域不同，链长也由不同层级和地区的政府主要负责人担任。浙江全省 10 大标志性产业链由省长担任总链长，分管省长担任副总链长，省经信厅负责人根据工作分工担任每条产业链的链长。开发区的 66 条试点产业链由开发区所在地市、县（市、区）党政主要领导担任链长。

链长的主要职责是对照产业链现代化发展的要求，对以市场协调的产业链运行机制发挥补充而非替代作用。产业链现代化内涵主要包括以下维度：从技术能力方面看，产业链关键环节核心技术自主可控，产业链技术创新能力强；从适应能力方面看，产业链对市场需求反应灵活高效，具有较强的韧性和抗冲击调整能力；从控制能力方面看，本国链主企业的垂直整合能力强，产业链的国际竞争能力强；从盈利能力方面看，价值创造能力较强，整体处于产业价值链的中高端；从产业链生态方面看，产业链相关主体之间实现深度分工和高度协同，产业配套能力强，产业链融合创新较为活跃；从发展的可持续性方面看，能够实现资源节约集约、环境友好。从要素支撑方面看，产业链、技术链、资金链、人才链深度链接，能够为产业链现代化提供关键支撑。

围绕以上多个维度要求，各链长的主要职责有：一是谋划产业链发展方向，开展点对点精准招商，落实推进合作招商和科技攻关等重大项目，强化省内外区域交流合作；二是遴选培育产业链链主企业，打造一批细分行业和细分市场的隐形冠军企业，提高产业链控制力；三是在产业链深度融合和协同创新方面，链长牵头协调各方主体和统筹多方资源，营造良好的产业链创新生态；四是在产业链的关键流程、关键环节出现堵点和断点时，链长牵头协调并督促解决资金、能源、土地、用工、技术、运输、原料等各类实际问题，维护产业链安全、稳定、畅通。

### （三）形成政府、市场、协会相互协同的工作运行机制

在省级层面，由每条标志性产业链链长领衔、省级部门和行业协会（联盟）协同、专家参与，组建产业链服务团。重点围绕产业链上企业、项目、平台主体，开展难题破解、技术服务、政策咨询和要素保障等服务。建设一批上下游企业共同体，建设一个产业集群平台，建设一支共享的产业人才队伍，实施一批强链、补链项目，绘制产业链鱼骨图，制定断供断链风险清单和实施清单。综合运用制造业基础再造强链、可替代技术产品供应链重组补链、产业链协同创新强链、制造业首台套产品应用补链、全球精准合作补链、关键核心技术与断链断供技术攻关补链、产业链上下游企业共同体带动护链、工业互联网建链、涉企服务平台畅链、数字新基建强链等十大工作方法，形成工作闭环。

在开发区层面，主要围绕"九个一"的工作机制开展，即一个产业链发展规划、一套产业链发展支持政策、一个产业链发展空间平台、一批产业链龙头企业培育、一个产业链共性技术支持平台、一支产业链专业招商队伍、一名产业链发展指导专员、一个产业链发展分工责任机制、一个产

业链年度工作计划。在推行过程中，开发区可以根据"九个一"指导和实际情况灵活掌握，采取切实可行的方式。

### （四）以示范带动推动产业链提质升级

实施"链长制"促进产业链现代化,需要依靠科学有效的提质升级方案。这些提升方案需要符合产业发展规律,立足地区现实需要,综合考虑企业、行业协会和政府部门等多方意见。无论是省级还是开发区层面,对于建立"链长制"的产业链都量身定制并积极实施了产业链提升方案。提升方案一般基于产业链现状,包括产业基础和主要问题分析,制定近期、中期和长期发展目标,并提出切实可行的工作计划和措施。

以汽车产业为例,说明汽车制造业是对浙江工业的总产值、利润、投资增长以及拉动社会就业贡献最大的产业领域,也是全省技术创新最为活跃、先进制造技术与数字技术融合最为深入的工业领域之一。浙江省具有较好的产业链基础,已经形成了重点整车制造基地以及十余个百亿级规模的汽车零部件产业集群,涌现出一批龙头企业。但是,仍然面临关键技术存在明显短板、核心零部件对外依存度较高、零部件产业多小散、自主品牌单车附加值较低等问题。对于提升节能与新能源汽车产业链,全省的发展目标是:突破动力电池、电驱、电控关键技术,创新发展汽车电子和关键零部件产业,完善充电设施布局,打造全球先进的新能源汽车产业集群,形成以杭州、宁波、台州为核心,温州、湖州、绍兴、金华等地协同发展的产业布局,到 2025 年,产业链年产值达到 1 万亿元。实施的重点与任务包括:一是加快汽车节能环保技术的研发及应用,二是推进新能源汽车关键技术突破,三是加快智能网联汽车创新平台建设,四是引导整车与零部件企业协同发展,五是推动关键零部件技术创新,六是促进零部件产业集群发展。

在开发区层面,杭州经济技术开发区、宁波杭州湾经济技术开发区、奉化经济开发区等13家开发区都将汽车或其配套产业作为"链长制"试点产业链。例如,宁波杭州湾经济技术开发区是汽车产业链"链长制"试点单位。其发展目标为:到2022年,汽车总产销规模进入全国区级汽车产业基地前五,智能网联汽车和新能源汽车产销前三。到2025年,汽车总产销规模进入全国区级汽车产业基地前三，智能网联汽车和新能源汽车产销第一，建成国际一流的智能制造标杆工厂。到 2030 年，建成全球电动智能网联汽车智造中心。提升产业链的工作主要包括：一是突出规划先行，高起点描绘产业发展蓝图；二是突出龙头引领，充分发挥链主企业集聚效应；三是突出项目建设，推动产业链延链、补链、强链；四是突出创新驱动，持续强化产业链竞争力；五是突出企业培育，推进产业主体做大做强；六是突出融合发展，全面构建汽车产业生态。

### （五）提供全方位要素保障和政策配套

地方政府的党政主要领导作为"一把手"，具有较强的资源动员和调配能力，可以为其负责的产业链提供资金、人才、土地、能源、排污和行政等多种要素支撑。为深入推进"链长制"，浙江在省级和地区层面都出台了一系列配套保障政策。在资金方面，灵活运用央行再贷款再贴现等货币政策工具，引导金融机构对省产业链协同创新项目给予优惠利率贷款支持。在人才方面，培育和用好人才，加强科技创新人才、优秀青年人才、创新型浙商等队伍建设。在土地方面，对招引落地特别重大项目的地方政府，给予一定建设用地指标奖励。在能源方面，对省级产业基础再造和产业链提升重点项目的用能需求，在满足本地"十四五"时期能耗强度降低要求的基础上给予积极支持。在排污方面，需新增污染物排放指标的，在满足环境质量改善和污染物减排要求基础上，由省级调配机制给予保障。在行政方面，强化省市县联动，建立完善产业链常态化风险监测评价机制等。

## 五、产业链"链长制"的实施成效

### （一）应对贸易摩擦关，破除围追堵截

应对中美经贸摩擦是创设"链长制"的初衷。2019 年 7 月，面对中美经贸摩擦对浙江外资、外贸等带来的负面冲击，时任省长袁家军指出，要

坚决防止"六个被"①。省商务厅积极贯彻省领导指示，第一时间开展调研，全面排摸浙江省产业链受损情况，及时出台相关实施意见，并充分动员社会各方力量，建立产业链保护、发展、提升长效机制。2019年，浙江进出口首破3万亿元，占全国进出口总值的9.8%。进出口、出口增速列沿海主要外贸省市第1位，实现贸易顺差1.53万亿元，扩大10.6%。出口增长贡献率居全国首位，进出口、出口占全国份额均创历史新高。进口增速列沿海主要外贸省市第3位。

## （二）应对新冠肺炎疫情关，助力复工复产

2020年初，突如其来的新冠肺炎疫情赋予"链长制"新的使命。疫情反复造成人流、物流不畅，致使浙江省外需断崖式下跌，上游原材料和关键零部件断供，关键环节"卡脖子"，产业链陷入断点断供危机。面对重重困境，"链长制"又一次经受住了重大考验。2020年2月17日，浙江开发区规上工业企业平均复工率高达70.6%。3月6日，复工率达99.6%，产能恢复率达86.3%，员工到岗率达83.9%，仅15天时间，就助力全省经济开发区高效完成了疫情期间复工复产任务。全省规模以上的工业增加值迅速实现了V字反弹，从1—2月份的大幅下降很快到3月份就转为了1.3%的增幅，产业链复苏势头强劲。

## （三）应对高质量发展关，加速双招双引

自"链长制"实施以来，快速在省内外迅速复制推广。"链长制"不仅应对突发危机显奇效，更是新时期破解产业链高质量发展难题的一剂良方。杭州经济技术开发区围绕"芯智造"产业链发展方向，运用"链长制"成立钱塘"芯智造"创业联盟，推出"浙子回归梦钱塘"等人才招引工程等，仅2020年10月份就吸引11个半导体产业项目集中落户，知名教授、专家、青年人才以及若干专业团队等也相继驻入。平阳经济开发区紧紧围绕"巩

---

① "六个被"是指外贸格局"被打乱"，美国市场"被打没"，外资企业"被打跑"，优质企业"被打垮"，产业链"被打断"，就业平衡"被打破"。

固、增强、创新、提升"的八字方针，结合开发区产业特点和基础优势，深入开展产业链"链长制"试点工作，通过产业链精准招商，成功签约世界 500 强正威国际，实现制造业重大项目招引历史性突破。

## 六、产业链"链长制"的下一步思考

### （一）结合数字化改革，引育结合推进产业链现代化

以"链长制"为抓手，深化争先创优机制，通过外引内育，以数字化改革持续赋能打造产业链开放发展新格局。持续推动招大引强工程。牢固树立"省外即是外"的思想，引导"链长"加大有效投资和重大项目招引力度，抓实省、市、县党政一把手"链长"的主体责任，强力招引"链主型"企业和关键企业，深入实施"六个千亿"产业投资工程，加快建设一批高能级产业支撑平台，以更大力度、更高质量投资推动产业链整体优化升级。大力培育头部企业。着力培育打造一批世界级领军企业和"链主型"企业、高市值上市企业、单项冠军企业、隐形冠军和"小巨人"企业，大范围培育科技型中小企业，推动企业结构优化、制度创新、层次提升。着力提高产业基础高级化和产业链现代化水平。以数字化改革为牵引，大力推进关键核心技术攻关、高能级科创平台建设、科技成果转化、知识产权保护全链条集成改革，抓好产业链自主可控、产业基础再造、先进制造业集群培育，打造全球先进的现代化产业体系，建立健全浙江自贸试验区"链长制"责任机制。

### （二）探索碳达峰、碳中和，促进绿色发展

以"链长制"为牵引，聚焦产业链，积极探索碳达峰、碳中和相关机制，打造绿色低碳循环发展产业体系，进一步拓宽"绿水青山就是金山银山"的转换通道。数字赋能助力企业碳核算。依托"碳关税"制度规则，主动谋划，积极推动产业链上下游企业数字化转型，实现"碳足迹"追踪溯源，建立企业碳核算管理机制。大力发展绿色贸易。加快推进服务贸易、数字贸易发展，探索建立绿色低碳贸易标准和认证体系，支持发展高质量、高附加值的绿色产品贸易。着力发展绿色投资。加大对欧盟碳边界调节机

制（CBAM）等规则研究，以美丽园区、国际产业合作园等为依托，深化与外资企业在绿色经济、清洁能源等领域合作，引导资本投向节能环保、生态环境、绿色服务等产业，联合组建绿色产业共同体。

### （三）试点"双链长制"，助推共同富裕

生态产业链"双链长制"，是一个产业链以共同出任链长的方式。在"双链长制"框架下，双方设立专项推进工作组，实现产业生态化、生态产业化等目标。

以"链长制"为基础，探索产业链"双链长制"，助力发达地区与山区 26 县项目共引、产业共建，为高质量发展建设共同富裕示范区贡献先行范例。合作打造山区 26 县现代化产业体系。做强"一县一业"，大力发展山区农业，打造具有山区特色的生态循环农业产业集群。改造提升传统制造业，重点支持淳安水饮料、永嘉泵阀等打造百亿级特色优势产业。挖掘提升历史经典产业，与文化、旅游、艺术等进行全方位深度融合。协同提升山区平台能级。支持山区 26 县布局以先进制造业为主的"产业飞地"，建设山海协作"科创飞地"。大力培育现代物流业，构建城乡贯通、内外融合的现代物流网，持续降低物流成本，增强平台资源集聚力。联合招引一批重大项目。以"建链、补链、强链"为重点，协同推进招大引强工作，助力山区 26 县跨越式发展。结合产业链发展规划，联合招引一批高层次专家和优秀青年人才。整合双边资源禀赋，协同优化服务，及时破除各类堵点痛点问题，保障产业链、供应链协同发展，高效衔接。

## 七、产业链"链长制"在浙江的实践

### （一）杭州经济技术开发区：芯智造产业链

1.产业链现状。2019 年，杭州经济技术开发区信息技术产业产值规模超 400 亿元，在规模以上的工业总产值中占比超过 20%。已集聚集成电路产业相关上下游企业 66 家，2019 年实现规模以上的工业总产值 237.4 亿元，其中高新技术企业 8 家，涉及半导体原材料、设备、IC 设计、晶圆制造、封装测试及终端产品等各个领域。

开发区产业链龙头企业士兰是国内唯一一家全面掌握 8 英寸芯片生产线关键工艺核心技术的大尺寸功率半导体器件厂家，IDM 模式半导体企业，拥有 6 英寸、8 英寸的模拟、数字混合集成电路制造生产线，其 IGBT、IPM 产品多次获得中国芯、国家集成电路产业技术创新奖等荣誉称号。中欣晶圆是国内首家规模最大、技术最成熟、拥有自主核心技术的真正可量产半导体大硅片生产厂，目前 8 英寸、12 英寸半导体硅片项目已顺利投产，产能分别可达 420 万枚、240 万枚。立昂微电子于 9 月 11 日上交所主板上市，具备年产 120 万片 8 英寸硅外延片生产能力，立昂东芯建有浙江省射频集成电路制造技术重点企业研究院。芯耘半导体是国内唯一一家从芯片到光器件领域具有整体解决方案的集成电路企业。拓尔微的电子烟控制器芯片目前占全球市场份额的 75%，稳居行业龙头地位。

2. 产业链发展目标。2020 年，夯实基础。集成电路核心产业产值增速不低于 17%，实现集成电路产业链上下游企业规模以上的工业总产值 280 亿元。2025 年，形成规模。核心产业规模以上的工业产值比 2019 年翻一番，达 500 亿元，高端配套体系基本完备，对外开放和影响力逐步显现，千亿产业规模初步显现。2035 年，浙江领先。拥有一批具有核心竞争力的集成电路产业领军企业，集成电路产业链内国家高新技术企业数 200 家以上。2050 年，全国知名。形成具有全球影响力的集成电路产业集群与产业品牌，占浙江省集成电路产业链规上工业产值的 50%。

3. "强链、补链、延链"举措。一是打造产业链发展平台。以芯技术、芯材料、芯设计、芯制造、芯应用"五芯"重点方向，形成"一谷三地"的战略定位，"一谷"是"浙江芯谷"，"三地"是芯产业链生产制造基地、芯设计应用测试高地、芯技术创新转化承载地。二是确定产业链发展方向。以半导体产业与集成电路产业为核心，大力发展 5G、人工智能、芯片制造、智能终端应用、增材制造、柔性电子显示等细分领域。三是梳理产业用地情况。摸清家底，梳理现有产业用地情况，按照基本农田、可建设用地、当前可利用土地，赋予红、黄、绿码，一码知晓土地现状。四是搭建产业链招商信息库。围绕 IC 设计、IC 制造、封装/测试领域，建立招商信息库，梳理一批各个领域内的世界百强企业、中国百强企业和行业重点企业。五是构建集成电路公共服务平台。国资公司和达高科技打造"和达·芯谷"

产业平台，规划总占地 330 亩，一期用地 150 亩，投资 10.1 亿元。计划以中欣晶圆、积海等行业龙头项目为抓手，集聚清华柔性研究院等各类创新要素，以开发建设产业链平台、产业创新服务综合体、邻里中心、产业拓展区、公共技术平台、研发检测平台，打造杭州湾半导体产业示范区。

4.“链长制”工作机制。一是产业链发展规划。编制芯智造产业链“链长制”试点申报，芯智造“万亩千亿”新产业平台发展规划，长三角智造小镇发展规划，临空云谷小镇发展规划等。二是产业链发展支持政策。发布“1+4+X”的政策支持体系，专门拟定集成电路专项产业政策和专项人才政策。三是产业链发展空间平台。规划 9.03 平方公里的发展核心区，包含了“两园”和“三区”：未来产业孵化园、和达芯谷服务园、重大项目承载区、高端器件制造区、智能芯片应用区。四是产业链龙头企业培育。重点企业按投资协议按时兑现，2020 年中欣晶圆已兑现扶持款 1.4 亿元，另有 1.1 亿元在推进中。支持区内企业扩张扩产项目，如立昂微砷化镓、碳化硅芯片制造及 3D 激光封装项目、芯耘量子点激光器项目、兆奕光电 5G 模组项目等。累计签约落地项目近 10 个，如至芯紫外芯片、芯英 AI 训练芯片、光环新网项目等；重点盯引项目超 30 个。五是产业链共性技术支持平台。国资公司打造“和达·芯谷”平台，开发建设产业链平台、产业创新服务综合体、邻里中心、产业拓展区、公共技术平台、研发检测平台。与清华大学京东方等机构合作，搭建柔性电子平台。正在与杭州电子科技大学、中科院大学等高等院校谋划合作共建创新平台和公共服务平台。六是产业链发展分工招商队伍。完成产业功能平台体制改革，成立杭州江东芯谷管理办公室，人人都是招商员，平台内项目招引、推进、服务一条龙。建立健全专家顾问项目评审机制，邀请专家参与招商洽谈，根据专家评分甄别项目。设立驻深圳、上海、北京、德国杜塞尔多夫招商处，在美国打造钱塘硅谷孵化器，正在组织驻日本、韩国招商队伍。

### （二）宁波经济技术开发区：集成电路产业链

1.产业链现状。宁波经济技术开发区（北仑区）是宁波市布局集成电路产业的重要承载区，于 2018 年获评浙江省集成电路产业基地，产业基础扎实，集成电路材料产业优势显著，配套支撑完善。经过多年培育发展，已形成一定规模的集成电路产业基础和应用市场。截至2019年，开发区（北仑区）集成电路及关联产业企业总数达371家，2019年全年工业总产值达1259.6亿元。开发区（北仑区）现已集聚了中芯集成电路（宁波）有限公司、浙江金瑞泓科技股份有限公司、宁波南大光电材料股份有限公司、宁波比亚迪半导体有限公司等一批集成电路产业链龙头企业，产业特色明显、集聚效应显著。

2. 产业链发展目标。至2022年，基本构建起产业特色鲜明、企业集聚发展、配套链条完善、公共服务齐全的集成电路产业体系，技术创新能力和市场竞争力显著增强，关键核心技术取得重大突破，产品性能和质量达到国际领先水平。一是产业规模持续增长。至2022年，平台内集成电路及关联行业营业总收入超过250亿元，工业总产值达到180亿元，形成1~2家营业收入超50亿元的龙头企业，将北仑集成电路产业平台打造成为集聚效应明显、竞争优势突出的集成电路产业高地。二是创新能力有效提升。至2022年，新引进省级以上的高层次人才和团队超20个，新增各类省级以上创新机构和平台5个，R&D经费占比达到7%，基本建成集技术研发、人才培养、国际交流等一体的创新资源要素集聚高地。三是项目建设成效显著。至2022年，新引进标志性项目超8个（其中总投资超50亿元的项目不少于1个）；固定资产投资达160亿元，基础设施投资达30亿元（其中新型基础设施投资达1亿元），实现亩均税收超40万元/亩。

3. "强链、补链、延链"举措。一是靶向重点开展链式招商。紧盯产业链关键和紧缺环节，积极对接行业领军企业、研究机构等，制定招商路线图，重点靶向集成电路制造、材料、封装测试、设计等产业链行业龙头、细分冠军积极开展集成电路特色化、高端化专题招商活动。二是统筹实施精准服务。建立"万亩千亿"新产业平台功能性党组织，探索工业社区治理新路径，大力加强主动服务、靠前服务、贴心服务，及时协调项目推进中的问题与困难，为招引项目开辟"快车道"，跑出项目推进的"加速度"。深入分析大项目落地需求，加大崎江科技、欧益半导体等一批重量级在谈项目攻坚力度，争取早日签约落地。三是深挖区内企业潜力。推行一园多区模式，加强与区内集成电路企业的对接沟通，排摸企业需求，积极推动金瑞泓、比亚迪半导体、东盛等一批相关企业在平台内设立总部或者增资扩产，引导以微科光电、恒率为代表的应用类企业不断在平台集聚。

4."链长制"工作机制。一是产业链发展规划。编制了《宁波市北仑区集成电路产业规划（2017—2021 年）》，提出了战略定位、发展目标、重点方向与路径和主要举措，引领开发区（北仑区）集成电路产业发展与相关工作的开展。二是产业链发展支持政策。开发区梳理宁波市、宁波开发区（北仑区）相关政策，出台了 15 个政策，涉及产业发展、招商引智、科技创新、金融服务四大方面。三是产业链发展空间平台。系统梳理、整合宁波开发区集成电路产业链"链长制"试点平台规划范围涉及的城市总体规划、土地利用总体规划、控制性详细规划、新农村建设规划、小城镇整治规划、历史地段保护规划、芦江河水生态文明建设规划等相关规划。以现有芯港小镇规划研究成果为基础，谋划构建平台空间布局，规划总面积 6.81 平方公里。四是产业链共性技术支持平台。依托中国科学院微电子研究所宁波北仑微电子应用研究院和集成电路材料和零部件联盟宁波产业促进中心两个平台，提供技术委托研发、标准制定和试验验证、知识产权协同运用、检验检测、企业孵化、人员培训、市场信息服务、可行性研究、项目评价等公共服务。五是产业链专业招商队伍。以开发区投资合作局，招商中心两个部门为坚实基础，组建了"招商铁军"。通过建立招商引资目标企业清单、重点企业清单、合作伙伴清单和年度任务表"三单一表"，加强对产业及项目的谋划，聚焦靶向招商。六是产业链发展指导专员。明确产业链发展指导专员职责，当好本地企业的服务员、参谋员和指导员。开发区集成电路产业链"链长制"试点平台由招商局局长，投合局调研员胡鹏同志担任产业链发展指导专员。七是产业链龙头企业培育。统筹实施精准服务，深化重大项目"一事一议"，加速推进项目落地和运营，加大对重点企业投资项目的扶持力度，多全方位推进产业链龙头企业培育工作，通过龙头企业的引领和带动，推动开发区集成电路产业整体提升。八是产业链发展分工责任机制。为及时解决推进过程中的突出问题，强力推动重大项目的引进和开工建设，成立了开发区（北仑区）集成电路产业推进工作小组。九是产业链年度工作计划。开发区特制订《宁波经济技术开发区集成电路产业链"链长制"试点平台 2020 年度实施方案》，明确了 2020年集成电路产业链发展的目标任务和工作举措，并提出组织领导、责任引领、创新落实 3 个方面的保障措施。

### （三）柯桥经济技术开发区：时尚纺织产业链

1. 产业链现状。绍兴柯桥经济技术开发区拥有全国最完整的时尚纺织产业链和市场营销体系。2019 年，时尚纺织产业实现产值 1115 亿元，进出口总额 94 亿美元，其中出口 89 亿美元。在新型化纤材料、绿色印染、纺织机械等领域，涌现出一批引领示范、极具影响力的龙头企业，如全国 30 强印染企业宝纺印染、红绿蓝纺织，主板上市企业越剑智能装备、迎丰科技，民营企业制造业 500 强天圣化纤等。

开发区围绕时尚纺织产业"绿色高端、世界领先"的发展定位，以科技创新驱动为引领，积极打造以现代纺织产业创新服务综合体为代表的政校、政企共建科创平台，成功创建浙江先进印染制造业创新中心、印染产业工程师协同创新中心，已入驻东华大学纺织创新研究院、江南大学产业技术中心、西安工程大学柯桥纺织产业创新研究院等九大创新机构。目前，拥有纺织类高新技术企业 135 家、省级高新技术企业研究院 29 家、省级（重点）企业研发中心 5 家。

2. 产业链发展目标。通过 3~5 年努力，将柯桥经开区时尚纺织产业打造为世界级现代纺织产业集群，成为新时期集人才集聚、标准制定、时尚引领于一体的"国际纺织之都"。到 2022 年，产业产值不断攀升，时尚纺织产业总产值超 1400 亿，培育年产值超 100 亿元的纺织企业 3 家以上；产业效益显著提升，实现主要纺织产业链企业亩均税收达 30 万元，研究与实验发展经费支出占主营业务收入比重达 3%，全员劳动生产率达 30 万元 / 人 / 年；产业国际竞争力增强，实现出口额超 640 亿元，全力打造"交易环境一流、开放水平一流、智慧应用一流、时尚氛围一流、文化融合一流"的新时期国际纺织之都。

3. "强链、补链、延链"举措。坚持"补上游、强中游、延下游"导向，重点围绕新型材料补链，围绕智能装备制造强链，围绕时尚创意延链。一是实施"基金 +""平台 +"的人才计划，引育一批领跑行业的龙头企业。坚持"招大引优选强"，充分发挥现有柯桥转型升级产业基金、中科院联动创新基金杠杆作用，重抓头部项目和特色项目招引，加快推动日本伊藤忠、恒力股份、天虹纺织等优势项目落地。二是实施"柯桥优选"计划，打造一批引领时尚的品牌企业。对标意大利、法国等时尚高地，以大师、大牌、大事为抓手，培育一批工艺与文化、时尚与品质深度融合的家居家纺、服装服饰"柯桥品牌"。三是构建国际水平创新体系，培育一批"独角兽"企业。构建以鉴湖实验室为核心的"1+N"创新格局。同时，按照"孵化器＋加速器＋产业园"的协同创新链，以浙江绍兴人才创业园为主平台，大力整合创新资源，着力打造东盛慧谷、壹迦产业加速器等科创综合体。

4．"链长制"工作机制。一是编制产业链发展规划。聚焦柯桥经开区时尚纺织产业发展现状和产业优势，编制了《柯桥经济技术开发区时尚纺织产业链发展规划》。二是出台发展支持政策。已出台《关于推进印染产业集聚升级工程的实施意见（试行）》《柯桥区推进落实"凤凰行动"三年计划（2018—2020）》等 36 项支持时尚纺织产业发展的系列政策，完善时尚纺织产业创新发展、开放合作、绿色发展的扶持政策体系，加快推进产业链龙头企业上市。三是明确发展空间平台。确定以"市场＋基地＋时尚创意"为核心的产业链发展空间平台，蓝印时尚小镇重点发展绿色印染，中纺 CBD 重点发展时尚创意产业，中国轻纺城重点发展国际贸易平台。四是培育打造龙头企业。重点在新材料、高端制造、时尚创意领域培育一批国内外知名品牌企业，如恒力集团、日本伊藤忠、日本东伸，荷兰施托克等。五是搭建技术支持平台。已拥有浙江省现代纺织工业研究院、江南大学柯桥轻纺产业技术中心、浙江先进印染制造业创新中心等近 50 个技术支撑平台。六是配强专业招商队伍。围绕"补链、强链、建链"重点，成立产业链提升发展办公室，下设新材料、高端智能装备、时尚人才科技三个工作专班。七是选聘发展指导专员。选聘知名大专院校教授、纺织印染行业的协会专家、重点龙头企业的负责人为产业链发展指导专员，参与指导和研究时尚纺织产业链招商和发展。八是建立分工责任机制。由柯桥区区长担任柯桥经开区时尚纺织产业链"链长"，专门建立柯桥经开区及区级相关部门协同参与的工作协调与推进机制。九是制定年度工作计划。根据时尚纺织产业链试点的目标任务，每年制订时尚纺织产业链年度工作计划，设定阶段目标逐步推进。

### （四）海盐经济开发区：环保新材料产业链

1. 产业链现状。2019 年，海盐经济开发区规模以上的工业企业实现工业总产值 741.12 亿元，进出口总额 17.06 亿美元，实到外资 1.6 亿美元，税收收入 74.15 亿元。其中环保新材料产值达 141.13 亿元。

开发区新材料产业链目前已形成一条完整的闭合链条。上游以三江化工和嘉化能源等为代表的原料生产企业，主要生产 PTA。中游分两个方向：一是基于上游 PTA 生产纺织油剂的桐昆集团（生产半成品）和联胜集团（生产成品）；二是基于三江化工等企业的尾气生产氢气的 AP 公司。下游分别是成品纺织油剂供给海盐本地及周边地区的纺织企业，如欧立、申大、金海鸥等；基于 AP 公司生产的氢气制造液氢、氢能源电池等的江苏清能新能源公司。生产的工业固废再加上海盐及周边地区产生的生活垃圾又共同构成环保产业链的上游。中游以工业固废、生活垃圾回收处理为主的山鹰国际绿色纸业百亿循环产业基地、海利环保产业园、光大能源等企业。下游是利用中游生产出的贵金属、稀有金属、电、蒸汽和热等产品，一部分供环保企业自用，另一部分被新材料企业甚至电子信息产业企业循环利用。初步形成了一个以环保产业链和新材料产业链循环共生的环保新材料产业生态圈。

2. 产业链发展目标。力争到 2022 年，工业总产值达到 160 亿元。企业自主研发平台达到 30 家以上，领军企业 10 家以上，专精特新企业 15 家以上。到 2030 年，工业总产值跻身全省前十名之列，把海盐经济开发区打造成为在全国具有较高影响力和竞争力的"环保新材料之城""国内循环经济创新策源地""国际循环经济最佳示范区"。

3. "强链、补链、延链"举措。一是强链计划。增强环保产业链竞争力。山鹰纸业推进自动化、数字化和智能化制造，促进产业生态链互联互通及价值链协同。还投资 120 亿元建立山鹰国际绿色纸业百亿循环产业基地项目，提高新材料产业链竞争力。打造公共创新平台项目，创建海盐多彩循环小镇、循环经济特色产业园区提升等。二是补链计划。补齐新材料产业链。积极推动浙江恒翔新材料项目和香港联胜高端环保新材料研发技术中心及年产 28 万吨高端环保新材料生产线项目落地，补齐化工与纺织产业链之间的断点。补齐环保产业链。推进海利环保产业园等环保项目建设，补足工业固废与生活垃圾到电子元器件和纺织原料需求之间的产业链断点。三是延链计划。积极推动氢能源燃料电池动力系统建设项目落地，打造一座集"氢燃料电池电堆及辅助系统、车船用氢能源动力系统、供氢设备生产、加氢站建设与运营"为一体的氢能产业园。

### （五）景宁经济开发区：幼教木玩产业链

1. 产业链现状。景宁是全国唯一的畲族自治县、华东地区唯一的民族自治县。设县三十多年来，县内工业几乎一片空白。2009年，习近平总书记对景宁提出"三个走在前列"的殷切嘱托。景宁需要培育一条"专、精、特、新"产业链，作为展示民族地区产业培育的"特色窗口"。开展产业链"链长制"试点是景宁千载难逢的突破机会，只有紧紧抓住这稍纵即逝的机遇，才能实现产业弯道超车和开发区跨越发展。幼教木玩产业是景宁的特色产业，幼教木玩产业链也许是全省最小的产业链，但它是景宁生态工业发展的春天。2020年7月1日，浙江省委书记袁家军走访开发区，对景宁开展产业链"链长制"试点给予高度肯定。开发区现有幼教木玩企业40余家，带动上下游产业就业近3万余人。坚持龙头企业与中小企业发展并重，形成大企业带动小企业的发展格局，现有年产500万套幼教玩具制造类龙头企业宇海产业园开发有限公司等；同时成功引进产品远销60多个国家的外贸销售龙头企业HAPE国际控股集团和拥有200多项专利研发龙头企业广州四联玩具等。

2. 产业链发展目标。一是成为幼教木玩细分行业的国际"领头羊"。到2022年，引进幼教木玩产业链链节企业近100家。到2025年，实现景宁县幼教木玩产业产值30亿元，建成国内最大的幼教木玩企业孵化园。二是成为幼教木玩领域研发、销售的国际"排头雁"。到2025年，培育研发（技术）中心5个，校企合作项目30个，培育知名自主品牌4~5个，在双循环背景下，拓宽和稳定国际和国内销售渠道。三是建成拉动一产推动三产产业融合新平台。2025年，带动全县28万亩毛竹林"自我消化"，实现竹木销售收入2亿元；建立较为完善的民族地区幼儿园园长会议机制，建成全国少数民族学前教育师资培训重要基地。

3. "链长制"工作机制。一是一个产业链发展分工责任制。制定木制玩具产业链各项环节工作的考核办法，将每年产业链各项环节的考核评价与责任人员的绩效奖励挂钩，激发员工工作的积极性和主动性。二是一个产业链发展指导专员。聘请浙江知名院校专家学者为产业链发展指导专员。三是一个产业链发展规划。编制幼教木玩产业链发展规划，对幼教木玩产业发展、空间布局、土地开发、招商引资、运营管理等全局性、长期性、基本性问题的研究分析，形成未来一个时期指导幼教木玩产业链健康发展的行动纲领。四是一个产业链年度工作计划。制订幼教木玩产业链年度工作计划，分阶段推进目标、方法路径、工作举措等。各部门在原材料供应、研发设计、生产制造、市场销售等环节，根据具体情况，制定专项实施方案，明确目的，实现工作的无缝化衔接及协同推进实施。五是一套产业链发展支持政策。认真全面的研究省委、省政府为景宁县出台的专项扶持政策（浙委〔2008〕53号文件）并充分地予以转化吸收，实现政策效益最大化。充分运用好《民族区域自治法》提供的立法空间。在法律允许的范围内，制订适合景宁实际、有利于地方经济发展的优惠政策，打好"民族品牌"，打造"政策洼地"。六是一个产业链发展空间平台。一方面是优化。持续优化"一纵一横，一园一片两点"的空间布局。另一方面是集约，突出宇海幼教木玩产业园的服务配套办公区、产业工业区，竹木加工区、半成品生产，配套企业区、幼教创意体验区、配套服务平台等功能分区打造。七是一批产业链龙头企业培育。在木制玩具领域已涌现出了宇海幼教装备有限公司、HAPE木制玩具国际控股集团、广州四联玩具有限公司等龙头企业。加快引进培育研发能力强、产品质量优的"隐形冠军"企业。依据木制玩具产业链上下游进行补链、扩链、延链。八是一个产业链共性技术支持平台。依托宇海幼教集"研发、培训、展示、体验"为一体的工旅融合产业新平台，谋划建立木制玩具产业创新研究院，主要有五大创新领域：产业发展研究中心、"木制玩具＋教育装备"标准化指导应用中心、"木制玩具＋高新技术"产品研发中心、生产工艺提升中心、木制玩具新材料研发中心。九是一支产业链专业招商队伍。县政府专门成立了招商引资驻沪联络处，主动融入长三角，积极对接上海。开发区建成了招商小分队。为充分发挥产业招商小分队在招商引资活动中的能动性、针对性、时效性、将全体干部分设成五个招商小分队开发区围绕产业发展定位，推动"浙商回归""景商回归"。

## 八、产业链"链长制"在其他省市的探索经验

### （一）广州方案："一把手"挂帅，"双链"作战

2021年6月，广州市委、市政府办公厅联合印发《广州市构建"链长制"推进产业高质量发展的意见》（以下简称《意见》），标志着广州正式启动实施"链长制"。《意见》提出将针对智能网联与新能源汽车、绿色石化和新材料、现代高端装备、超高清视频和新型显示、软件和信创、人工智能、半导体和集成电路、生物医药及高端医疗器械、新能源、节能环保和生态、轨道交通、批发零售和住宿餐饮、现代会展业、现代金融业、文化创意、时尚产业、医疗与健康、都市现代农业、体育与健身、建筑业和规划设计、检验检测服务业等21个产业规模实力强、产业链条完善、龙头企业支撑突出、发展空间大的产业，建立"链长＋链主"的工作推进体系。此外，广州正推进"一链一策"，协同构建"1+X"政策体系，"1"即2021年出台的《意见》，"X"即制定21份重点产业链高质量发展三年行动计划，出台支持产业发展的一揽子政策措施。

广州市坚持"一把手"挂帅，"双链"作战。双链式"链长制"以市领导为"链长"、以龙头企业为"链主"。政府层担纲"链长"，由"总链长＋副总链长＋市级链长＋市级副链长＋区级链长"组成。企业层担纲"链主"，由"链主＋联盟"组成。链主原则上由龙头企业董事长、产业协会和联盟负责人、科研院所专家、有经验的园区运营者担任。坚持"管行业也要管产业"，举全市之力抓产业。广州市党委、政府、人大、政协相关领导任链长，15个牵头部门、40多个配合部门以及11个区政府全线上阵，凝聚起全市推进"链长制"工作的强大合力，系统推进"产业＋产业链＋产业集群"共振发展；坚持目标路径全景打造，构建"万千百"规模化产业链群梯队。制定《广州市"链长制"全景图》，明确组织架构、运行规则、工作任务，提出坚持"日常工作立规范、核心工作求突破、支撑工作抓创新、品牌工作亮特色"，以"双链"驱动"四链"跃升，推动打造智

能网联与新能源汽车、软件和信创、批发零售和住宿餐饮、建筑业和规划设计、现代金融、医疗与健康、文化创意、时尚产业等 8 个万亿级产业链群，全力建设超 20 个千亿级产业链群以及一大批百亿级新兴产业链群，形成"万千百"规模化产业链群梯队。广东方案打破产业部门管产业的惯性思维，全市"一盘棋"协同发力、一抓到底。

## （二）深圳方案："链式服务"打造产业链集群和"链主"企业

2020 年 7 月，深圳市出台《深圳市重点产业链"链长制"工作方案》，在重点产业领域探索推行"链长制"。通过瞄准世界科技前沿和产业发展趋势，精准实施"链长制"涉及的"强链、补链、连链、延链"工作，推动产业向全球价值链高端发展。2021 年 2 月，深圳市出台《关于推动制造业高质量发展坚定不移打造制造强市若干措施》，提出依托重点产业链"链长制"工作机制，探索实施"一链一图""一链一制""一链一策""全链联网"。以实体制造业为重点，打造产业链集群和"链主"企业，系统集成能力强、市场占有率高、产业链拉动作用大、年产值不少于 100 亿元的制造业企业作为链主企业的重点支持。支持将较大面积的连片土地出让给"链主"企业，鼓励其对产业空间进行统一规划管理，在保持用地性质、用途不变的前提下，允许其将一定比例的自有建设用地使用权及建筑物转让给核心配套企业。同时，深圳加大对制造业大集群、大项目和大企业的培育引进力度，进一步壮大制造业规模。努力打造先进制造业集聚地。从企业梯队、总部企业、重大项目等几个方面给予投资和用地支持。

合理区分"链长"与"链主"的权责关系，是让市场机制起决定性作用的同时更好地发挥政府作用的关键。其中"链主"处于核心地位，能够协调产业链上各个节点的活动，具有不可替代的作用，可以使整个产业链作为一个有机整体正常工作，但也可能出于自身利益阻碍整个产业链升级。对于"链主"，深圳提出充分发挥其领航作用。支持其主导或参与国际、"一带一路"区域、国际、行业标准的制定和修订，鼓励"链主"企业在关键领域率先建立地方标准、团体标准，引领地方关联企业发展。鼓励"链主"企业联合中小企业建设制造业创新中心，建立风险共担、利益共享的协同创新机制。对于"链长"，主要职责在于梳理重点产业链，找准产业链缺失和薄弱环节。制定产业链关键卡点攻关项目清单，经市政府审定后对清单项目给予重点支持。加强链式服务，对产业链"链主"企业和核心配套企业建立常态化服务机制。并为"链主"企业提供服务支持，鼓励产业空间进行统一规划管理，在保持用地性质、用途不变的前提下，允许其将一定比例的自有建设用地使用权及建筑物转让给核心配套企业。

### （三）山东方案：35条产业链全面推行"链长制"

2020年7月，山东省颁布的《关于深化改革创新打造对外开放新高地的意见》明确提出全面推行"链长制"。随后省内各地市陆续出台具体措施，为"链长制"落地提供顶层政策保障。2021年1月，山东省聚焦10个重点产业、35条关键产业链展开深度解剖梳理，每条产业链形成"1个图谱"和"N张清单"，以工程化、项目化的方法展开规划设计。"1个图谱"指精准绘制产业链图谱，"N张清单"指分别形成产业链龙头骨干企业清单、主要配套企业清单、锻长板重点领域清单、补短板突破环节清单、关键产品技术攻关清单、可对接的省外头部企业清单、可对接的省内外科研机构清单、可对接的省内外社会基金清单、重点产业区域布局清单、重点项目清单等。"1个图谱"和"N张清单"为山东省市携手"双招双引"，精准实施一批"强链、补链"项目提供具体抓手。2022年，山东进一步提出在42条产业链中精选10条产业链作为重中之重继续细化完善"1个图谱+N张清单"，强化政策支持、要素保障，同时推动一批"专精特新"中小企业卡位入链发展，加快形成3~5条世界级产业链。

山东聚焦重点领域、关键节点着重补齐补强，加快构建自主可控、安全可靠的生产供应体系，确保关键时刻不掉链子。同时聚焦优势产业领域，持续精耕细作，以更多独门绝技带动增强全产业链优势。在这个过程中，山东分行业打造一批规模大、技术强、品牌响的"领航型"企业，启动新一轮中小企业专业化能力提升工程，引导中小企业加强与"领航型"企业的协同创新、配套合作，促进大中小企业共建产业链、互通供应链。以此为基础，全省推进再培育特色产业集群，支持潍坊动力装备、济南莱芜绿色智造、青岛轨道交通装备、青岛智慧家居等争创国家先进制造业集群。

## （四）湖北方案：聚焦 16 条重点产业链全省实施"链长制"

2021 年 4 月，湖北省人民政府办公厅印发《湖北省制造业产业链链长制实施方案（2021—2023 年）》，提出聚焦汽车、智能制造装备、集成电路、光通信、现代化工、节能环保、纺织、食品、新材料、生物医药、大数据、人工智能、软件和信息服务、工业互联网、船舶和海洋工程装备、航空航天 16 条重点产业链，通过实施产业链"链长制"，带动链主企业、骨干企业、单项冠军企业做强做优做大，提升国内、省内配套水平，重点培育产业链上下游链主企业 50 ～ 80 家，突破"卡脖子"技术 20 项，实现货物贸易进出口额年均增长 10%，打造 5 个国家级先进制造业集群、20 个国家级和 40 个省级新型工业化产业示范基地，推动湖北省形成万亿级产业为引领、五千亿级产业为骨干、新兴未来产业为先导的现代化制造业体系。工作机制上，湖北按照"一条产业链、一位省领导、一个牵头部门、一个专家团队、一个工作方案、一个支持政策、一个工作专班"工作模式，找准"强链、补链、延链、固链"环节，重点引进一批有实力企业和重大项目落户，全力推进产业链高质量发展。

此外，湖北加码"链长制"，出台《湖北省重点产业链金融链长制工作方案》。金融链长制由人民银行武汉分行联合省经信厅、省农业农村厅、省地方金融监督管理局、湖北银保监局发起设立，省级银行业金融机构担任金融链长，产业链所在地人民银行分支机构牵头当地重点产业链金融服务工作，共同推进金融惠企政策与重点产业链融资需求高效对接。金融链长制与湖北重点产业链链链对接、"一链一策"，形成覆盖产业链核心企业和上下游小微企业的综合金融服务方案，有效满足重点产业链发展金融服务需求，支持重点产业链高质量发展。湖北省首批选择了特色淡水产品（小龙虾）、蔬菜（香菇）、茶叶（青砖茶）、道地药材（艾草）、航空航天、集成电路、汽车、现代化工 8 条重点产业链先行先试，由中国银行、农业银行、农发行、省农信联社、建设银行等省级金融机构相关负责人担任金融链长。湖北省 10 条农业主导产业链、16 条重点制造业产业链将全部配备金融链长，首批 8 条产业链的金融链长已上任。

第四章 浙江省开发区建设的主要举措

137

### （五）合肥方案：以"链长制"推动产业链"延链、补链、强链"

近年来，合肥一直坚持由市领导专人专门抓重点产业，抓重点产业链。2020 年 6 月，合肥市印发《合肥市做好"六稳""六保"抓细抓实经济发展工作"123+10"行动方案》，正式启动"链长制"，由市委、市政府相关领导担任 12 个重点产业链的"链长"。其中，市委书记担任集成电路产业链"链长"，市长担任新型显示产业链"链长"。"链长"的主要任务包括完善产业发展规划和产业链发展思路，理清产业链发展的具体需求，提出支持产业链发展的政策措施，研究建设产业链创新型企业库，协调推进重点项目，建设产业公共服务平台，建立常态化服务机制。

经过多年发展，合肥市战略性新兴产业迅猛崛。新型显示产业已形成从上游装备、材料、器件、模组，到下游终端应用的完整产业链条，实现了"从无到有，从小到大"的跨越式发展。集成电路初步完成设计、制造、封装测试及设备材料全产业链布局，2021 年实现全产业链产值近 400 亿元，同比增长约 30%。现已有企业超 300 家，聚集从业人员超过 2.5 万人。

# 第五节　探索推进"双链长制"试点

2021 年 6 月 10 日，《中共中央国务院关于支持浙江高质量发展建设共同富裕示范区的意见》正式发布。为打造浙江省"共同富裕"的典型样板，6 月 11 日，省商务厅厅长盛秋平在浙江省山区 26 县开放平台共建发展对接会上首次提出"双链长制"，即将浙江省发达地区和山区 26 县相关产业链"链长"进行结对，双方互相兼任产业链"链长"，旨在推动浙江省发达地区和山区 26 县结对，以山海协作为基础，由"单向输血"向"合作造血"转变，由传统产业梯度转移向创新成果转化落地转变，通过培育一批特色产业链、挖掘一批"双链长制"试点、开展一批招商推介活动、推动一批共建项目落地，由县域全面合作向平台精准对接转变，以产业发展加快推进山区 26 县跨越式高质量发展，推动共同富裕。

## 一、重大意义

浙江省委书记袁家军强调,要率先在推动共同富裕方面实现理论创新、实践创新、制度创新、文化创新,加快取得突破性进展、打造标志性成果、创造普遍性经验。开发区作为开放发展的主阵地,在经济发展中发挥着重要作用。产业链"双链长制"是浙江全国首创"链长制"在建设"共同富裕示范区"特殊历史时期的深化举措,努力打造成为共同富裕的标志性成果和制度性经验。通过将浙江省发达地区和山区 26 县相关产业链"链长"进行结对,双方互相兼任产业链"链长",以山海协作为基础,由"单向输血"向"合作造血"转变,由传统产业梯度转移向创新成果转化落地转变,由县域全面合作向平台精准对接转变,以产业发展加快推进山区 26 县跨越式高质量发展,助力打造共同富裕先行示范区。

## 二、试点基础

### (一)浙江省"链长制"实践取得显著成效

从 2019 年至今,在全省 85 家经济开发区中,60 多家开发区开展了"链长制"试点工作,普遍建立了"九个一"工作机制,通过聚焦主导产业和特色产业链,统筹优质资源,创新招商引资方式,发挥了开发区在"六稳六保"工作的中坚作用,有效增强了全省产业链韧性。浙江省"链长制"的先行先试不仅得到了习近平总书记的点赞和商务部的肯定,更在广东、江苏等 20 余个省(市、自治区)得到推广。

### (二)浙江省推行"双链长制"具备良好的产业资源禀赋

浙江省发达地区产业集聚度高,平台影响力大,要素集聚力强,资源整合力优,能够为山区 26 县产业带来更强的增长动力与更广阔的发展空间。与发达地区相比,山区 26 县产业尽管体量上偏小,但大多吸收了当地独特的资源禀赋,异质化发展特色显著。其中,带有显著地域标识的有淳安水饮料、永嘉泵阀、武义五金制品、龙游特种纸、江山木艺、天台汽车零部件、仙居医药、龙泉汽车空调、云和文体用品、缙云机械装备、遂昌金属制品等，成为助力发达地区产业发展的一股有生力量。

### （三）浙江省开发区和产业合作已有成功案例

为解决区域发展不平衡、不充分问题，推动山区26县经济跨越式发展，浙江省已做过一些尝试，包括支持发展"飞地"经济、提升省级山海协作产业园发展水平等措施，形成了一些卓有成效的产业链合作机制。以金磐扶贫经济开发区为例，通过搭建更为精准的产业"造血式"帮扶机制，为磐安打造了新的经济增长极。2020年，金磐开发区亩均税收26万元，贡献了全县50%的工业产值，"十三五"以来累计上缴税收30亿元，占全县财政资金1/3以上。

## 三、主要内容

### （一）确定试点县（市、区）

根据浙江省发达地区和山区26县的平台建设和产业基础，探索建立"双链长制"试点。针对部分山区县已有基础的传统产业如纺织、零配件制造、现代农业等，"双链长"可采取产业链分工方式合作；数字经济、新能源汽车、生物医药等新兴产业，应通过产业基金、"标准地"改革等形式，由发达地区产业链"链长"为山区26县输送产业资源。将"双链长制"打造为浙江省推动产业发展、实现共同富裕的"金名片"，形成试点示范有效经验，提供产业链扶贫、共同富裕示范样本，完成浙江省高质量发展建设共同富裕示范区的重大任务。

表4-6　2021年度浙江省开发区产业链"双链长制"试点单位

| 序号 | 开发区名称 |
| --- | --- |
| 1 | 龙游经济开发区—杭州经济技术开发区 |
| 2 | 缙云经济开发区—富阳经济技术开发区 |
| 3 | 云和经济开发区（筹）—宁波经济技术开发区 |

| 序号 | 开发区名称 |
|---|---|
| 4 | 丽水经济技术开发区—宁波石化经济技术开发区 |
| 5 | 青田经济开发区—南浔经济开发区 |
| 6 | 江山经济开发区—绍兴柯桥经济技术开发区 |

资料来源：浙江省商务厅。

## （二）明确"双链长制"职责

将"双链制"试点工作完成情况纳入省山海协作领导小组对各县(市、区)年度考核和全省经济开发区年度考核中，推动"双链长制"走深走实。建议明确"双链长制"职责为"八个一"。

### 1. 共同制订一套协同发展的产业链规划

发挥"双链长制"在深化理念、协调资源、强化配置、保障要素、主体培育等方面的优势，通过双方产业链"链长"对接产业链发展，推动南北帮扶、东西共建，统筹谋划发达地区和山区26县的产业链规划。共同设计双方的产业发展路线图、产业链上下游结构图、企业分布图、技术路线图，因地制宜、"一链一策"，对区域产业发展和结构调整，进行精准化引导和调控，实现更大范围、更宽领域、更深层次的合作。

### 2. 共同推进一项重点任务——数字化改革

全面贯彻落实全省数字化改革工作部署，发达地区聚焦数字经济产业链，推进产业数字化、数字产业化转型，创新招商引资方式，推进双循环、数字贸易等应用场景试点，提升数字化水平；推动山区26县抢抓全省数字化改革机遇，利用好"国际投资单一窗口"，加快构建适应产业链发展的数字化工作体系，加快打通山区26县各类信息数据数字化集成、重要应用系统和数据综合集成，形成一体化智能化产业链招商和运行平台，为"双链长制"提供数字化支撑。

### 3. 共同制定一套常态化对接制度和协调统一的政策体系

在两地共建共享的过程中，"双链长"必须注重招商、产业、财税、人才等一系列政策的协同性，协调好产业链发展、"飞地"建设中的相互作用关系。"双链长"在共同制定开发区系列政策时，要充分考虑结对的山区26县开发区的情况，既要保持对区域间良性竞争的合理引导，又要避免过度干预双方产业生态系统演化。建立"双链长"定期会商、定期互访、专员联络的常态化对接机制，共同打造国际化、法制化、便利化的营商环境。

### 4. 共同创设一系列畅通"双循环"的全球产销渠道

充分发挥浙江开放大省、外贸大省的优势，通过"双链长制"的跨区域联动，发达地区（如杭州、宁波等地）"链长"应充分运用自贸试验区等制度优势、海陆空港等交通优势、直播电商和跨境电商等渠道优势、中国—中东欧国家博览会等展会优势，为山区26县现代农业、华侨商贸业等开拓市场，加强省内、长三角、中西部地区和境外更大范围的产销渠道开放合作，打造"双链长"亲自参与的"两山"转化通道硬核力量。山区26县"链长"应着力在当地建立健全现代供应链物流体系，主动把控农产品为代表的产品质量，推动现代农业等产业链"建链、补链、延链、强链"。

### 5. 共同完善一套招商引资培训合作体系

充分利用发达地区完整的产业体系优势和山区26县的生态旅游资源，为山区26县导入优质生态项目，引导产业项目尤其是大好高项目突破行政区划落地。将产业链和项目进行拆解分工，企业总部、技术研发机构等设在发达地区，一部分功能和资源向山区26县流动，梯度承接溢出效应，缓解发达地区因土地等要素限制的产能压力，实现强链更强、弱链变强。鼓励在发达地区已落户的企业介绍上下游合作伙伴到对口山区26县投资，通过增资、引进配套项目、引荐境外投资者等形式进一步实现山区26县招商引资、项目招引新突破。

### 6. 共同推动一系列"飞地"园区建设

探索"双链长制"与开发区"飞地经济"相结合，积极发挥开放平台作用，鼓励创业创新。创业孵化、项目培育等前端环节由山区26县承接，加快新旧动能转换，助力发达地区腾笼换鸟，助力山区26县借智借力招大引强，加速产业发展。加快推动"产业飞地"启动建设等相关工作，抓紧做好"产业飞地"空间规划指标统筹。探索多样化合作模式，强化园区的基础设施、公共服务等方面的资金保障。

### 7. 共同推进一揽子山区实用人才培训计划

引导资金、人才、技术、服务、项目等资源流向山区26县，挖掘内生发展动能，打造可持续发展的资源互动模式。鼓励发达地区大专院校在山区26县建立分校区、研究基地、实习基地，提升欠发达地区科创水平。发挥发达地区职业教育资源富集优势，通过定期业务交流和实务培训提升山区26县职业教育办学水平。

### 8. 共同推进一套开放平台负责人交流任职制度

定期组织管理人才交流活动，建立管理人才流动双向奖补机制，提升发达地区向山区26县输送管理人才的积极性。选派开放平台负责人到山区26县任职，帮助尚未有开放平台的县（市、区）筹建管理机构，帮助已有开放平台进行整合提升，开展"链长制"试点、共同招商引资等工作。山区26县开放平台负责人到发达地区交流任职，学习规划、建设、开发、招商思路，协助"双链长制"落实"产业飞地"相关建设、招商事宜等。

## 三、初步成效

自党中央赋予浙江建设"高质量发展建设共同富裕示范区"的光荣使命以来，浙江省忠实践行"八八战略"，深入推进"山海协作"，积极推进山区26县跨越式高质量发展。

坚持共建共享，跑出高质量建设共同富裕示范区加速度。2021年6月11日，省政府召开山区26县开放平台共建发展对接会。会议发布了浙江省山区26县开放平台共建发展倡议书，11对先进地区开发区和山区26县开放平台代表共同签署合作意向书。会上成功签约21个支持山区26县发展的重大项目，总投资额或超300亿元。10日后，浙江四联智力玩具生产基地建设项目成功落地景宁经济开发区，成为对接会后首个成功落地项目。

坚持考核引领，夯实高水平推动"双链长制"实施基础。2021年7月，省商务厅发文《关于做好全省经济开发区年度考评及有关重点工作的通知》，要求进一步深化产业链"链长制"创建工作，鼓励产业相近、互补的开发区、结对帮扶的开发区之间申报创建一批共建产业链"双链长制"试点，从考核层面切入，引进激励因子，进一步强化"双链长制"体制机制保障。

坚持务实高效，助推山区 26 县跨越式高质量发展。"双链长制"试点有效地推动了山区 26 县开发区发展。2021 年 1–11 月，山区 26 县开发区固定资产投资同比增长 24.45%，规模以上的工业增加值同比增长52.21%，高于全省开发区 16.2 个百分点。其中，丽水经济技术开发区依托"双链长制"试点共招引项目 220 个，实现了生态合成革 31% 的产值增速。

尽管成效显著，但在"双链长制"试点实施过程中仍旧存在体制机制不畅、协同合力不够等问题，制约山区 26 县开放平台跨越式高质量发展的财政、金融、土地、能耗指标等仍需进一步强化保障。

## 四、下一步目标

### （一）实施"一链一策"

围绕产业共建大场景，加快探索建立产业链"双链长制"的目标体系、政策体系、工作体系、评价体系，针对结对产业链的发展诉求，量身定做包括土地、金融、人才、绿色低碳等在内的政策集成礼包，科学引导政府产业基金和市场化基金投资目标产业，进一步赋能产业链"双链长制"创新发展。

### （二）深化平台结对

在大力推进山区 26 县开发区全覆盖的基础上，围绕山区 26 县特色产业，聚焦体制机制建设和体系优化完善，进一步加大产业链"双链长制"试点探索力度，重点推进结对双方在技术创新研发平台、供应链创新平台、电商基地、新型商贸中心等载体的共建共享。

### （三）创新共建业态

探索共建单位设立合资公司，共同推进山区县开发区基础设施和配套服务升级。探索共组共富产业基金，为山区 26 县优质企业"输血造血"。探索建设"项目公海池"，引导先进开发区及时共享本地溢出的产业信息，推动共引项目有效流转至山区县开发区落地。

## （四）推动联合招商

围绕特定产业，高质量办好山区 26 县开发区招商对接系列活动。鼓励先进开发区主动承办招商对接会，积极为山区县提供对接招商信息、资源和渠道。支持结对开发区互派干部交流挂职，重点学习推广先进开发区的招商引资经验。建立招商引资成效跟踪和评估机制，探索加大联合招商引资激励力度。

## （五）做好复制推广

及时梳理总结"双链长制"试点的最佳案例经验，加强宣传报道和复制推广，以丰富的平台实践推动构建产业共建的理论体系，为高质量发展建设共同富裕示范区贡献更多创新方案。

第五章

浙江省开发区建设的地方实践

# 第一节　杭州经济技术开发区产业
## "链式集聚"发展

　　当产业集群具备一定规模，关联度较高的众多企业及其相关支撑机构在地理空间上就会产生"链式集聚"的现象。这种集群的产业价值链一经形成，就具有一种自我强化的内在机制促使其进一步地成长，从而表现出特有的竞争优势。"链式集聚"有利于企业成本的降低，在产业分工越来越细的情况下，产业关联性越强，产业链条越紧密，资源的配置效率也越高，同时有利于企业创新氛围的形成。有产业链的地方，企业不仅可以降低投资成本和交易成本，还有利于信息资源的交流、汇集，促进技术、产品的联动创新，同时有利于打造"区位品牌"，单个企业要建立自己的品牌，需要庞大的资金投入，而通过集群内企业的整体力量，加大广告宣传的投入力度，利用群体效应，容易形成"区位品牌"，从而使每个企业都受益。

　　伴随企业集群的发展，区域经济发展也会提速。以产业链为纽带，加强产业内部、产业之间联动，逐步兴起专业、特色的企业群体，构筑产业集群支撑框架是区域经济发展的有效途径。

　　杭州经济技术开发区是 1993 年 4 月经国务院批准设立的国家级开发区，委托管理下沙和白杨街道，辖区人口约 45 万人。位于钱塘区的杭州经济技术开发区以打造智能化标杆为目标，围绕智能化生产、网络化协同等六新场景，深化应用 5G、人工智能、大数据等先进技术，培育一批技术水平领先、应用效果显著的"智能工厂"和一批具有较高生产效率和柔性制造能力的"数字化车间"，大批传统工业企业经过技术改造后，产能、效率实现提升。与此同时，杭州经济技术开发区是中国唯一的集产业园区、出口加工区、高教园区于一体的国家级开发区，拥有浙江省最大的高教园区。

2022 年 1 月 27 日，商务部公布了 2021 年国家级经开区综合发展水平考核评价结果，杭州经济技术开发区排名较 2020 年度提升一位，在全国 217 家国家级经济技术开发区中位列第九，连续两年跻身全国前十，也是浙江全省唯一进入全国前十的经开区。2021 年度，杭州经济技术开发区地区生产总值首次突破 1200 亿元，达 1218.23 亿元，同比增长 6.6%。规模以上的工业总产值首次突破 3000 亿元大关，达 3169.11 亿元，增长 7.3%，规模以上的工业增加值 677.17 亿元，增长 6.5%。在此次考评中，杭州经济技术开发区获利用外资第 7 名。据统计，2021 年，杭州经济技术开发区实际利用外资完成年度目标的 100%，全年新设外商投资企业 115 家，新增合同外资超 11 亿美元；引进外资结构持续优化，制造业利用外资年均占比在 45% 以上，高技术产业实际利用外资占比达 40%。

杭州经济技术开发区一直以来不断突出强化外资外贸支撑，稳存量、扩增量，不断提升外资外贸质量和水平，打造高质量对外开放战略平台。

首先在政策端，修订了区级商贸政策，组织企业完成中央和省级进口贴息。同时，为了加强外贸风险困难应对，为企业提供海外买家资信调查服务、定制优惠承保方案，协助奥泰、顾家等企业正确应对针对国外的反补贴、反倾销案件。此外，以 RCEP（区域全面经济伙伴关系协定）生效实施为契机，加大区域自贸协定的宣介推广培训，抢抓数字贸易新机遇，通过在线"中国贸易数字展览会"等引导企业开拓海外消费市场。

与此同时，2021 年，杭州经济技术开发区进出口成绩单也十分亮眼。全年进出口总额突破 1000 亿元大关，规模杭州全市第二；外贸经营主体不断增加，出口贸易结构持续优化，外资制造业企业进出口总额占比 60%；机电产品、高新技术产品出口总额占比 83%，民营企业表现亮眼，出口增幅 35%。"芯智造"产业链、生物医药产业链获评 2021 年度浙江省开发区产业链"链长制"优秀示范单位和示范试点单位；汽车产业链被评为 2021 年度浙江省开发区产业链"链长制"示范试点单位；五大主导产业 2021 年度实现产值 2661.28 亿元，占规模以上的工业比重达 84.0%。

作为全国唯一集工业园区、高教园区、出口加工区于一体的国家级开发区，杭州经开区的发展秘诀是什么？答案都离不开杭州经开区产业"链式集聚"的发展。这些成绩的取得得益于杭州经开区始终牢固树立产业立区和招商引资生命线工程不动摇,落实了一系列针对主导产业的"强链、补链、延链"措施。

产业链的延伸和发展离不开"链长制"在开发区的广泛实践。钱塘区围绕"515现代产业体系",深刻落实"九个一"工作机制,推动生物医药、集成电路、智能汽车制造三大标志性产业走在全省前列。作为三大标志性产业链的主导实施平台,杭州医药港、钱塘芯谷、前进智造园不断转变招商理念,创新招商方式,始终坚持把招商引资作为经济工作的"生命线"。

成功创建省级特色小镇、全市"最强产业小镇"的杭州医药港,探索打造"资本+园区+项目"强强联合的"以资引商"新模式,不断拓宽投资机构"朋友圈",杭州医药港借助龙头机构的决策影响力,带动生物医药产业发展壮大。

目前,杭州医药港已集聚各类生物医药企业1400余家,默沙东、雅培、强生等全球十大医药企业已有7家落户于此,药明生物、华海药业等行业领军企业也在此扎根,助力开发区生物医药企业实现营收450亿元。2021年,杭州医药港完成签约落地亿元以上项目35个,占全市一半以上,总投资230多亿元,德琪医药、昭衍新药、黑龙江珍宝岛等10余家头部企业均有项目落户。

钱塘芯谷专注高成长性的创业创新项目,已培育7个批次的创新创业项目29个,引进了拓尔微等一批专精特新项目。目前,"芯智造"产业链集聚了上下游企业近百家,涉及半导体原材料、设备、IC设计、晶圆制造、封装测试及终端产品等各个领域,产业基础雄厚。2021年,钱塘区集成电路产业实现产值近440亿元,同比增长12%。

前进智造园则努力探索"顾问招商+资本招商"新模式,编制了《杭州市钱塘新区"十四五"汽车产业发展战略规划》和《新能源汽车产业三年行动计划》,聚焦新能源汽车"固链、补链、强链",打造"研发—生产—供应—销售—服务"的全链条汽车产业生态体系。

实施大项目带动战略,有针对性地开展产业链、产业集群招商,加快引进一批符合产业导向、科技含量高、附加值高、带动力强的大项目,特别是注重引进世界500强、中国企业500强、民营企业500强和各行业领军企业。

截至目前，杭州经济技术开发区累计认定省级"未来工厂"1家、培育1家；认定省级智能工厂、数字化车间14家；培育市级"未来工厂"体系企业42家，其中链主工厂2家、智能工厂8家、数字化车间32家；认定市级"未来工厂"7家，其中智能工厂3家、数字化车间4家，数量全市第一；近三年累计实施制造业数字化改造攻关项目97个、实施工厂物联网项目140个、实施机器换人项目393个、新增工业机器人2237台。

在产业数字化提速的背后，是以5G网络为首的"新基建"的快速推进。围绕5G、数据中心、人工智能、工业互联网等领域，杭州经济技术开发区加快新一代数字经济基础设施建设，2021年建设5G基站293个，超额完成全年任务，超额完成率全市排名第一。截至目前，全区累计建成5G基站1899个。此外，在下沙区域网础科技、世纪互联等数据中心基础上，推进江东区域广翰环保建设，于2022年年底有望建成2000个机柜。

未来杭州钱塘区将紧紧围绕打造"世界级智能制造产业集群、长三角地区产城融合发展示范区、浙江省标志性战略性改革开放大平台和杭州湾数字经济与高端制造融合创新发展引领区"，始终坚持产业立区、创新驱动，打造钱塘产业发展"金名片"，不断推动钱塘"智"造走出中国，走向世界。

# 第二节　嘉兴经济技术开发区
# 招大引强创佳绩

嘉兴经济技术开发既是1992年8月由浙江省人民政府首批批准设立的开发区，也是浙江省五家重点开发区之一。嘉兴经济技术开发区位于嘉兴市区，环老城区呈带状自东北至西南分布，距市中心3公里，规划面积为70平方公里，是一个集现代制造业、商业居住和高等教育为一体的城市新区。

对嘉兴经开区来说，招商引资是核心中的核心、要事中的要事。如果没有招商引资，就没有经开区的地位和作用，也没有经开区的发展和未来。所以，招商仍然是经开区走向更美好未来的第一选择和唯一路径。2020年，规模以上的工业总产值2710.94亿元，出口总额107.39亿美元，进口总额44.89亿美元，实到利用外资9.16亿美元，财政收入246.21亿元，税收收入312.64亿元。

嘉兴市以国家级和省级开发区（园区）为依托，发挥国家战略叠加优势和均衡发展的特点，认真谋划省高能级战略平台，根据整合后平台现状，形成市级创建和培育名单，拟打造高能级平台8个。但缺乏引领性的重大平台，比如杭州湾北部区域战略地位突出，但是目前存在开发平台多、主体多等问题，需进一步整合相关区域产业平台，抓紧创建省级平台统筹整个区域的开发建设，落实习总书记提出的打造杭州湾跨海大桥和嘉绍大桥之间黄金海岸带的战略构想。

经过30年的发展，嘉兴经济技术开发区为全市经济社会发展作出了积极贡献，主要体现在五大方面：一是对外开放的排头兵。坚持开放带动，经济国际化程度不断提高。截至目前，已累计引进韩日、欧美、港澳台等40多个国家和地区680多家外商投资企业，其中投资规模超过1000万美元的项目228个，投资规模超亿美元的重大项目30个，已落户有日本日立、美国雅培、荷兰飞利浦、德国采埃孚等世界500强企业投资的项目38个。二是融入长三角一体化的先行地。坚持"接轨大上海、融入长三角、面向全世界"理念，紧紧抓住"一带一路"建设、长三角一体化、沪嘉杭G60科创走廊建设等重大机遇，把产业对接作为全面接轨上海的核心来抓，在产业转移、平台建设、城市管理等重点领域加快与上海的无缝对接，全区80%以上重大产业项目均来自上海。三是经济发展的增长极。坚持科学发展，全区综合实力不断增强，已形成较强的产业基础，装备制造业、汽配产业已具规模，高端食品产业、电子信息产业发展态势良好，专业市场、现代物流、科技金融、总部经济、软件研发等现代服务业发展强劲；"2+4"产业平台能级全面提升，即2大主平台（嘉兴高铁新城、嘉兴先进制造业基地），4大专业平台，即浙江长三角高层次人才创新园（嘉兴智慧产业园）、浙江中德（嘉兴）产业园、嘉兴国际金融广场、嘉兴马家浜健康食品小镇。四是城市建设的生力军。坚持把城市现代化作为加快发展的总动力，全区累计投入建设资金近千亿元，区域内基础设施不断完善，建成区面积达 75.7 平方公里，将中心城市向西、向北、向南扩展，有力地拓展了中心城市的发展框架。同时，强化生态建设，发展社会事业，注重统筹发展，加强和谐创建，一个特色鲜明、功能完备、宜居宜业的城市新区正在日益崛起。五是体制机制的创新区。坚持"小政府、大社会"的管委会体制，尤其是开发区、现代服务业集聚区、国际商务区实行三区合署体制，充分发挥国家级开发区的体制机制优势，实现资源共享，强化了精简高效、精干有力的发展格局，成为嘉兴经济社会发展的重要平台。

目前，嘉兴经济技术开发区正在推进"大综合一体化"行政执法改革。"大综合一体化"行政执法改革，是对行政执法体制的一场系统性、整体性、重构性集成变革，涉及执法职责体系、执法监管和执法制度体系等多个方面，划转事项多、涉及部门多、改革内容多。其中，改革的重点之一，就是"一支队伍管执法"。不具备行政执法主体资格、无法独立行使法定职权是一直制约嘉兴经开区"一支队伍管执法"改革的最大瓶颈。为此，嘉兴经开区不断改革创新，在市级有关部门精准指导下，2021 年 5 月，嘉兴经开区挂牌成立嘉兴经开区综合行政执法局，同时成立区综合行政执法指导办，实行"局、办、队""三合一"模式，依法对外行使法定职权，切实形成"综合执法引领、专业执法联动"的"经开模式"。同时，经开区还将加快建设全区一体化的"综合执法指挥平台"，全领域全要素集成各行业主管部门的数据资源，实现区街一体化指挥功能。从"分散执法"到"集中执法"，从"单打独斗"到"统一作战"转变，反映的是综合执法效能的提升。

到 2022 年 8 月底前，嘉兴经开区将进一步统筹全区执法力量，实现 85% 以上的执法力量下沉一线，在全省率先探索形成可复制、可推广，具有嘉兴辨识度的开发区"一支队伍管执法"的硬核成果。到 2023 年年底前，嘉兴经开区将形成权责统一、权威高效的"大综合一体化"的行政执法新格局，全面实现全区"一支队伍管执法"，形成在全省乃至全国具有示范引领作用的经济技术开发区综合执法改革样本。

走向未来，嘉兴经济技术开发区将以习近平新时代中国特色社会主义思想为指导，全面贯彻党的十九大和十九届历次全会精神，坚定不移做"两个确立"忠诚拥护者、"两个维护"示范引领者，以当排头、做先锋为工作总目标，以干字当头、争先创优为工作基调，以下苦功、出实绩为工作关键词，自觉扛起红船旁国家级经开区的政治担当，团结带领全区广大党员干部群众，在更高起点上忠实践行"八八战略"，凝聚奋力打造"重要窗口"中最精彩板块先行区的磅礴力量，为推动高质量发展建设共同富裕典范城市先行区，率先基本实现社会主义现代化而努力奋斗。

## 第三节　杭州余杭经济技术开发区释放数字经济新动力

国家级杭州余杭经济技术开发区成立于 1993 年，根据市委、市政府重大决策，2015 年 11 月与杭州钱江经济开发区"两区合并"，实现整合提升。开发区现状规划总面积 76.94 平方公里，下辖 1 个街道（东湖街道），托管村（社区）38 个，总人口约 25 万人。作为杭州工业发展的重要基地，开发区拥有国家级企业孵化器、省级高新技术产业园区，以及全省唯一的生物医药高新技术产业园区和首个智能制造示范基地。

近年来，余杭区坚持以数字经济"一号工程"为引领，推动创新载体提档升级、打造成熟的创新生态系统，塑造竞争发展新优势。2021 年，经开区咬定"千亿"目标，聚焦企业培育和产业集聚，加快项目推进和数字化改革，全力推动制造业高质量发展，全年工信经济呈现"健康向上、稳中提质"的良好态势。1–11 月，开发区实现规模以上的工业总产值 936.49 亿元，同比增长 22.5%；实现规模以上的工业增加值 276.26 亿元，占全区的 76.0%，同比增长 16.0%，两年平均增长 17.1%。2021 年，开发区积极加强企业培育，深入推进"扎根计划"、扎实推进"冠军计划"、持续推进"凤凰计划"，针对不同类型企业细化分类，招引优质项目、培育本土生力军、壮大龙头企业多措并举，做强做优制造业主体。

余杭经开区加速构建以高端装备和生物医药两大产业为主导、家纺时尚产业提升发展的"2+1"现代产业体系。高端装备、生物医药、家纺时尚三大产业贡献了 2021 年工业总产值的九成以上。余杭经开区没有巨无霸式企业，但三大产业集聚了一批在各自细分行业内具有话语权的中流砥柱企业。截至 2021 年，开发区拥有创新空间载体 48 个，累计建成创新空间 300 万方。其中，国家级孵化器 3 家，省级孵化器 2 家，市级孵化器 6 家。在生物医药方面，经开区聚焦创新医药、高端医疗器械和医疗服务三大重点细分产业链，引进了"中国医药工业百强企业"成都倍特药业投资的创新药和高端仿制药生产项目、高端医疗器械企业联赢医疗的总部项目、全球排名前三的医疗服务头部企业艾昆纬的华东区总部项目等；高端装备方面，则引进了 FPC 测试领域头部企业燕麦科技投资的长三角总部基地、国家制造业单项冠军示范企业宁波江丰电子材料股份有限公司投资的关键硅材料零部件及易脆材料项目等。

招商引资是经开区自始至终紧抓的"一号工程"，通过建起项目"蓄水池"，经开区在发展的过程中始终不缺新鲜血液。近年来，经开区成功招引大分子生物医药头部项目、求是半导体、燕麦科技等一批引擎型、链主型优质项目成功落户。2021 年共集中签约项目 58 个，落地率 94%，总投资额约 290 亿。引进固定资产总投资亿元以上制造业项目 32 个，10 亿元以上制造业项目 4 个，新引进外资总额 1.146 亿，其中高技术外资占比 74%。

在招商过程中，经开区综合运用产业链招商、活动招商、驻点招商、机构基金招商等多种形式，在生物医药聚焦创新医药、高端医疗器械和医疗服务三大重点产业链，推进产业链"补链、强链、延链"；在高端装备方面围绕细分领域的龙头企业和科创板上市企业开展精准招商，增强细分产业集聚，聚焦半导体、机器人产业链"补链、强链"。经开区不仅对在谈项目做好项目层级管理，更建立对应的产业落地指引机制，逐个项目制定"时间表""路线图"，实现了从项目签约、推进、落地到项目发展、提升的一条链服务机制，用一次次专业的"真情服务"换来了客商们的投资青睐。

除了大孵化器和众创空间，之江实验室、良渚实验室、湖畔实验室等重大科研机构，以及人工智能小镇、梦想小镇等特色小镇构成的创新载体"金字塔"体系正加快形成，有力支撑了区域创新能力提升。统计显示，2021 年，余杭区包括三家实验室在内的 11 家单位共计 15 项成果获浙江省科学技术奖，3家企业获国家科技进步二等奖。其中，之江实验室研发的"800G超高速光收发芯片和光引擎技术"入选2021年"世界互联网领先科技成果"；之江实验室与浙江大学合作的"仿生深海软体机器人"最新研究成果，率先实现了软体机器人的万米深海操控以及深海自主游动实验。

与此同时，余杭区发挥全省首批数字经济创新发展试验区的先行先试优势，数字生产力不断壮大，产业集群效应凸显。数据显示，2021年，余杭区实现数字经济核心产业增加值1605.7亿元，数字经济持续领跑全省；产业项目加速落地，2021年，余杭集中签约强新科技等重大项目225个、总投资超1000亿元；集中开工重大项目95个、总投资超700亿元。

接下来，余杭区将放大创新策源核心的能级优势，进一步加强产业要素集聚的高地优势，从三方面入手扎实推动经济质效双齐升：一是全力扩大有效投资，聚焦数字经济、新制造业"双引擎"，对照110家靶向清单，招引产业项目200个以上；二是加速打造产业集群，锚定数字经济、生命健康、智能制造、科技金融等主攻方向，重点打造"四高地一基地"（即全球数字经济创新高地、全球生物医药研发高地、全球未来产业发展高地、全球智能装备产业高地、全球科技企业和顶尖人才创新研发总部基地）；三是筑牢平台发展阵地，统筹未来科技城、良渚新城、钱江经济开发区等三大产业平台错位布局、联动发展。

自2021年以来，余杭经济技术开发区紧紧围绕"三化融合"建设目标，大力实施"规模工业企业数字化改造全覆盖和标杆企业提升行动计划"，以"产业数字化"为核心加快布局"新制造"，争当余杭全面数字化转型、打造全国数字经济先行区的"排头兵"。目前，开发区已实施市级以上各类数字化项目118项。其中，国家级项目20项；"阿里讯犀"被达沃斯评为全球唯一纺织服装行业"灯塔工厂"；春风动力、老板电器、阿里讯犀列入浙江省首批"未来工厂"示范项目（全省12家），数字技术对实体经济渗透率加快提升。余杭经济技术开发区的发展带给了我们很多启示。

## 一、注重机制创新，增强数字化"谋划执行能力"

一是建立"首席数据官"推进机制。针对企业数字化建设涉及部门多、协调难度大的痛点，创新推出"首席数据官"工作机制，由企业明确一名高管统筹负责数字化改造的战略规划、方案制定和具体落地。目前，已有278家规模以上的企业管理人员获得该头衔，基本实现规模以上的企业全覆盖。二是强化企业数字化工作保障。围绕"未来智造城"建设目标，引导企业加强数字化转型规划和机构保障，目前，已有172家规模以上的企业设立独立信息化部门、125家规上企业制定了数字化建设规划和方案。三是实施数字化需求诊断。启动开发区"智能化数字推广和诊断"专项行动，联合阿里云supET、集控、省技创中心、秒优科技等10家服务机构，对开发区规模以上的企业"首席数据官"以及企业信息化、生产、营销等部门负责人进行专题对接和培训，对企业数字化需求和应用场景进行全方位诊断，并形成整体解决方案。目前，已有100余家企业与第三方数字化服务商签订合同。

## 二、注重标杆引领，增强数字化"场景应用能力"

聚焦高端装备、生物经济两大主导产业，支持龙头企业、上市企业打造数字化转型标杆项目，建立示范应用场景。其中，在"智慧工厂"方面，春风动力通过打造"工厂大脑"，对"仓储物流—清洗加工—检验检测"等重点生产环节进行智能化改造，形成智能控制闭环，实时监测供需两端，协调物料供应、工厂排产和订单销售，建设基于大数据支撑的高端装备精密制造工厂。在"5G+工业互联网"方面，老板电器茅山基地是全省首个5GSA（独立组网）工业互联网应用试点，正在围绕5G深度应用，对1万方生产空间进行数字化改造，打造国内一流的无人工厂。在"智能产线"方面，胡庆余堂在生产过程管理，关键生产工序均已实现设备全自动化生产；铁流离合器年产300万套离合器冲压车间智能化项目进入线体集成调试阶段。在供应链管理方面，医智捷打造了"生物医药特殊物品出入境公共服务平台"，通过特殊物品风险评估线上专家评审、审批单信息化管理稽核、货物到港全程监管一体化、后续监管远程查验等数字化手段，实现生物制品出入境审批管理从90天缩短到15天以内。通过标杆项目示范引领，开发区进一步提高产业链上下游企业和中小微企业数字化建设的积极性。自 2022 年以来，开发区已储备行业示范性数字化工厂项目 60 余个。联运环境、海纳机械等 13 个项目列入杭州市制造业数字化改造攻关项目，汉尔姆建筑科技、微光电子等 20 个项目列入 2020 年杭州工厂物联网项目库。开发区初步形成产业数字化"开发区板块"。

### 三、注重平台赋能，增强数字化"服务支撑能力"

一是突出平台型企业赋能。全力支持阿里巴巴"新制造"，打造家纺服装产业数字化转型的"平台型企业"。2022 年 9 月，阿里巴巴新制造首个智能工厂"犀牛工厂"将在开发区全球发布，依托大数据、云计算和人工智能等新一代信息技术的赋能作用，通过链接淘宝、天猫等消费互联网平台，构建个性化定制、柔性化生产、小单快返的产业互联网新范式，为开发区传统制造业迭代升级提供有力支撑。二是加强公共服务平台赋能。持续扩充第三方服务机构库，导入工信部电子五所"服务型制造研究院"、浙大高端装备研究院等公共服务平台资源，深度参与对接企业数字化诊断咨询工作，于 2022 年已先后开展 4 次专场活动，深度对接服务企业 40 余家。三是依托新模式、新业态赋能。抢抓"直播经济"新发展机遇，依托家纺产业创新服务综合体，打造面积超过 10 万平方米的"中国余杭品牌直播产业园（云裳城）"，举办首届"淘宝直播双 11 主播选品会"。目前，该园区已成为"淘宝直播"的深度合作平台，两年内将集聚 500 个达人主播和知名主播常驻，年销售额超过 100 亿元，为开发区企业营销模式数字化升级赋能。

# 第四节　宁波经济技术开发区推进"双链长制"试点

宁波经济技术开发区（北仑区）是宁波市布局集成电路产业的重要承

载区，于 2018 年获评浙江省集成电路产业基地，产业基础扎实，集成电路材料产业优势显著，配套支撑完善。经过多年培育发展，已形成一定规模的集成电路产业基础和应用市场。截至 2019 年，开发区（北仑区）集成电路及关联产业企业总数达 371 家，2019 年全年工业总产值达 1259.6 亿元。开发区（北仑区）现已集聚了中芯集成电路（宁波）有限公司、浙江金瑞泓科技股份有限公司、宁波南大光电材料股份有限公司、宁波比亚迪半导体有限公司等一批集成电路产业链龙头企业，产业特色明显，产业集聚效应显著。至 2022 年，基本构建起产业特色鲜明、企业集聚发展、配套链条完善、公共服务齐全的集成电路产业体系，技术创新能力和市场竞争力显著增强，关键核心技术取得重大突破，产品性能和质量达到国际领先水平。

产业规模持续增长。至 2022 年，平台内集成电路及关联行业营业总收入超过 250 亿元，工业总产值达到 180 亿元，形成 1~2 家营业收入超 50 亿元的龙头企业，将北仑集成电路产业平台打造成为集聚效应明显、竞争优势突出的集成电路产业高地，创新能力有效提升。至 2022 年，新引进省级以上高层次人才和团队超 20 个，新增各类省级以上创新机构和平台 5 个，R&D 经费占比达到 7%，基本建成集技术研发、人才培养、国际交流等一体的创新资源要素集聚高地，项目建设成效显著。至 2022 年，新引进标志性项目超 8 个（其中总投资超 50 亿元的项目不少于 1 个）；固定资产投资达 160 亿元，基础设施投资达 30 亿元（其中新型基础设施投资达 1 亿元），实现亩均税收超 40 万元 / 亩。

要做到"强链、补链、延链"：一是靶向重点开展链式招商。紧盯产业链关键和紧缺环节，积极对接行业领军企业、研究机构等，制定招商路线图，重点靶向集成电路制造、材料、封装测试、设计等产业链行业龙头、细分冠军积极开展集成电路特色化、高端化专题招商活动。二是统筹实施精准服务。建立"万亩千亿"新产业平台功能性党组织，探索工业社区治理新路径，大力加强主动服务、靠前服务、贴心服务，及时协调项目推进中的问题与困难，为招引项目开辟"快车道"，跑出项目推进的"加速度"。深入分析大项目落地需求，加大峙江科技、欧益半导体等一批重量级在谈项目的攻坚力度，争取早日签约落地。三是深挖区内企业潜力。推行一园多区模式，加强与区内集成电路企业的对接沟通，排摸企业需求，积极推动金瑞泓、比亚迪半导体、东盛等一批相关企业在平台内设立总部或者增资扩产，引导以微科光电、恒率为代表的应用类企业不断在平台集聚。

宁波经济技术开发区试点推进"双链长制"能给开发区建设提供什么样的发展思路，为我们带来怎样的思考，这些问题的背后就要求我们必须要了解"链长制"工作机制：

1. 产业链发展规划。开发区编制了《宁波市北仑区集成电路产业规划（2017—2021年）》，提出了战略定位、发展目标、重点方向与路径和主要举措，引领开发区（北仑区）集成电路产业发展与相关工作的开展。

2. 产业链发展支持政策。开发区梳理宁波市、宁波开发区（北仑区）相关政策，出台了15个政策，涉及产业发展、招商引智、科技创新、金融服务四大方面。

3. 产业链发展空间平台。系统梳理、整合宁波开发区集成电路产业链"链长制"试点平台规划范围涉及的城市总体规划、土地利用总体规划、控制性详细规划、新农村建设规划、小城镇整治规划、历史地段保护规划、芦江河水生态文明建设规划等相关规划。以现有芯港小镇规划研究成果为基础，谋划构建平台空间布局，规划总面积6.81平方公里。

4. 产业链共性技术支持平台。依托中国科学院微电子研究所宁波北仑微电子应用研究院和集成电路材料和零部件联盟宁波产业促进中心两个平台，提供技术委托研发、标准制定和试验验证、知识产权协同运用、检验检测、企业孵化、人员培训、市场信息服务、可行性研究、项目评价等公共服务。

5. 产业链专业招商队伍。以开发区投资合作局，招商中心两个部门为坚实基础，组建了"招商铁军"。通过建立招商引资目标企业清单、重点企业清单、合作伙伴清单和年度任务表"三单一表"，加强对产业及项目的谋划，聚焦靶向招商。

6. 产业链发展指导专员。明确产业链发展指导专员职责，当好本地企业的服务员、参谋员和指导员。开发区集成电路产业链"链长制"试点平台由招商局局长，投合局调研员胡鹏同志担任产业链发展指导专员。

7. 产业链龙头企业培育。统筹实施精准服务，深化重大项目"一事一议"，加速推进项目落地和运营，加大对重点企业投资项目的扶持力度，多全方位推进产业链龙头企业培育工作，通过龙头企业的引领和带动，推动开发区集成电路产业的整体提升。

8. 产业链发展分工责任机制。为及时解决推进过程中的突出问题，强力推动重大项目的引进和开工建设，成立了开发区（北仑区）集成电路产业推进工作小组。

9. 产业链年度工作计划。开发区特制订《宁波经济技术开发区集成电路产业链"链长制"试点平台 2020 年度实施方案》，明确了 2020 年集成电路产业链发展的目标任务和工作举措，并提出组织领导、责任引领、创新落实 3 个方面的保障措施。

除此之外，宁波经济技术开发区的发展有着我们值得借鉴的地方：

一是启航新征程，全力打赢外资"全年红"。坚持大区思维，最大化发挥开发区整合之力，形成招商部门间一体化统筹联动机制，全区域整合各类招商要素，摸清底数，抓紧储备一批优质项目。对标全年 15.4 亿美元的更高目标，以小分队点对点紧盯的方式，动态跟进极氪纯电动汽车、大千纺织等重大外资项目生产过程中的难点问题，以"猛虎下山"的锐气，"虎口拔牙"的勇气，全力打赢外资"全年红"。

二是做大新平台，全面打响项目"落地战"。充分利用好全区各大功能平台新的空间规划布局，集中精力抓好"投资规模大、经济效益好、产业带动强"的"大好高"项目，以"3695"为目标，力争全年引进总投资百亿项目 3 个，50 亿项目 6 个，20 亿项目 9 个，1 亿美元以上项目 5 个。特别是甬江两岸项目的招引，以最快速度在 2 月底前初步确定 3 个重大项目签约落地。

三是抓抢新机遇，全域组建招商"关系网"。抓住"一带一路"建设、长三角一体化等机遇，促进自贸试验区宁波片区建设和中东欧示范区建设，将"引进来"与"走出去"相结合，利用商协会、跨国企业促进会、展会招商等方式，多途径宣传、高频次推介，继续聘请一批知名人士、企业家和专家学者为招商大咖，以全情服务构建全球招商网络，有效促进甬商回归。

四是启用新战略，全心重塑业务"金名片"。树立投行思维，建立国有资本参与市场投资的新模式。整合全域资源，加大服务业领域招商力度，引进一批"中字头"央企、国际型总部经济、研究院及重点实验室等服务和孵化型机构。积极争取"双Q"（QFLP、QDLP）预提税政策，推动国企境外发债，多渠道引入境外资本，为宁波外资创历史新高贡献北仑力量。

五是赋能新模式，全程实现服务"加速跑"。一方面，打造"云约北仑"招商引资综合应用平台，以全周期数字化服务提升项目招引效率，将平台打造成为全省数字化改革"揭榜挂帅"项目，让北仑招商选资、稳商扩资创新数字化模式走在全省前列。另一方面，把好重大项目"安全阀门"，健全优质产业项目评审制度，把尽职调查和风险评估机制贯穿重大项目招引的全过程，把"大好高"项目牢牢地钉在北仑的大地上。

# 第五节 南浔经济开发区开创
# 产城融合新篇章

南浔经济开发区位于上海、苏州、无锡、南京、杭州、宁波等大中城市组成的长三角经济圈之中心，经济科技信息灵通，地理优势十分明显。浙江南浔经济开发区是1993年12月由浙江省人民政府首批批准设立的经济开发区，也是国务院侨办批准的全国三个华侨投资区之一，享有沿海经济技术开发区的各项优惠政策。

南浔是中国资本主义的萌芽地之一，也是海陆"丝绸之路"的源头。明清时期南浔就有"江浙雄镇"之美誉。自清道光二十二年（1842年）鸦片战争失败之后，南浔人趁上海辟为通商口岸之机，跨洋越海，抱布贸丝，使南浔成为湖丝贸易的主要集散中心，在上海经营丝绸的行业中有70%为南浔人所开设。1847年，在上海口岸蚕丝出口总数中南浔的出口数占63.3%，由此南浔出现了刘镛、张颂贤、顾福昌等家有银圆千万元以上俗称"四象、八牛、七十二墩狗"的富商，南浔镇也由此成为江浙地区的富镇、强镇。

近几年，南浔开发区也是成绩斐然。2020 年，在区委、区政府的正确领导和区级各部门的大力支持下，南浔经济开发区紧紧围绕"建设实力现代、富裕、美丽的国家级经济开发区"为奋斗目标，抢抓长三角一体化发展战略机遇，把重大项目建设作为实现疫情防控和经济发展"两手硬、两战赢"的主抓手，大力实施招商引资"一号工程"，攻坚克难、锐意创新、开拓进取，高质量发展取得了明显成效，获评省美丽园区建设示范单位，在全省省级开发区综合考核中上升到第 7 位。经济指标稳步增长，2020 年累计完成财政收入 21.02 亿元，同比增长 14.1%，规模以上的工业总产值 281.5 亿元，同比增长 5%，工业投入 22.2 亿元，同比增长 85%。

南浔经济开发区围绕未来产业大谋划，实现先进产业顶天立地。2020 年，在谋划发展光电通信产业方面，以投资 290 亿元的泰嘉光电超薄玻璃基板深加工项目为龙头；引进了投资 105 亿元的华尚光电高导通透明硅基电路板及光通讯芯片项目；引进了投资 55 亿元的弗兰德 5G 基站天线项目；设立 100 亿元光电通信产业专项基金；规划 1.4 万亩工业平台。以"链长制"推进高端装备智能制造，牵头开展电梯、电机产业"强链、补链"工程，出台产业扶持政策，鼓励支持企业技术升级改造，打造现代化特种装备制造基地。带动 157 家配套企业扩量投产：两大行业完成工业产值 114.56 亿元，同比增长 9.9%。在改造提升发展绿色家居产业上，建设千亩省级绿色家居制造产业园持续开展"低小散弱"木业企业专项整治提升行动；实行"亩产划档、改造入园"模式；关闭"低小散弱"木业企业 57 家、提升入园 31 家，完成税收 2.4 亿元，高于前期 8 个百分点。

南浔经济开发区围绕平台能级大提升，实现环境面貌蓝天绿地。2020 年，大力建平台：强势推进頔塘北岸改造提升行动，59 天时间拆除 361 家"低小散"企业及农户旧房；盘活土地 2500 亩创新启动"退二优二""退二进三"模式；引进 2.5 代生产性服务业；配套建设国际学校、港中旅新城等。聚力美园区：投资 100 亿元建设万亩现代绿色园区，变电站、污水厂等配套正在加速推进；迁西路等"三纵三横"交通路网已开工建设，富华路、强园路等 4 条断头路全部打通，西泰路等 8 条主要道路完成改造提升。建成

20万平方米南太湖精英创业园，华尚创客吧、北京海创院等5个人才项目已进驻运营。全力优环境：全面深入推进城市精细化管理，完成旧厂区、旧住宅区改造13万平方米，城中村改造322户，拆除违法建筑61万平方米，PM2.5连续多月全区最低，占道经营、违法停车等同比下降70%以上。实现美丽乡村创建全覆盖，完成重点村历史债务遗留问题整改工作。

2022年2月，南浔举行2022年"奋战首季奋勇当先"重大项目集中开工仪式暨浙江荣泰智能按摩机器人制造基地项目开工活动。南浔经济开发区共有8个重大项目开工，总投资51.75亿元。其中浙江荣泰智能按摩机器人制造基地项目总投资6.1亿元，项目建成达产后，将形成年产30万台按摩椅的生产能力。

近年来，开发区将招商引资作为一号工程来抓，借助长三角一体化协同发展释放的叠加红利，跳出原有的"三电一板"招商模式，瞄准谋划光电通信产业，组建三支专门招商团队分赴深圳、武汉、苏州等地区开展精准招商，成功招引了正威集团、泰嘉光电、华尚光电3个百亿级项目以及弗兰德、旭虹光电、福莱新材3个50亿级以上项目。华尚光电项目全面达产后，预计实现年产7.2万片发光及光通讯芯片、综合产量75万平方米的商用透明显示板，总产值约100亿元人民币，总税收约6亿元，并将带动500亿元相关产业投资及千亿规模产值。

开发区积极融入长三角一体化国家发展战略，深入实施数字经济"一号工程"，谋划布局了以光电通信为重点的未来产业，设立百亿产业专项基金，规划万亩"光电湾"，全力招引产业链上下游龙头企业和配套企业。

# 第六节 湖州南太湖新区创新招引聚势能

规划建设南太湖新区是湖州积极践行全省四大建设，加快融入长三角一体化国家战略，是实现高质量赶超发展的大手笔、大举措，也是近年来湖州市委市政府作出的最大、最重要的决策部署，更是撬动湖州未来发展的重要战略支点。2020年，全年完成地区生产总值248.9亿元，增长3.9%；

财政收入 60 亿元，增长 15.7%；地方财政收入 35.1 亿元，增长 11.8%；完成固定资产投资 232.7 亿元，增长 7.4%；完成规模以上的工业增加值 60.9 亿元，增长 5.1%；完成合同外资 5.31 亿美元，实到外资 1.1 亿美元。

南太湖新区创新活力强劲，始终把招才引智与招商引资放在同等重要的位置，坚持以人才为经济社会发展提供智力支撑。已累计建立院士工作站 11 个，引育"国千"人才 76 人、"省千"人才 116 人，入选"南太湖精英计划"项目 263 个，均居全市前列。累计引进中科院系创新中心 14 个、校地合作平台 33 个、众创空间 36 家，南太湖科技创新综合体、精英计划产业园等 6 个平台已投运，智能科学中心、海王创新中心等 8 个在建工程正在全力抢工期、抓进度，区域创新能力得到持续增强。

湖州经济技术开发区 2019 年实现新能源汽车产业链总产值 82 亿元。微宏动力作为全市唯一的"独角兽"企业，拥有 380 余项国内外专利，在快充技术、电池循环寿命等方面已达到世界顶尖水平。凯金新能源、杉杉新能源与宁德时代开展战略合作，东方科技装备、恩驰汽车分别具有特种改装车、商用车生产资质，永兴集团拥有一家正极材料碳酸锂粉末生产企业。开发区近两年共招引新能源汽车相关产业项目 15 个，总投资近 300 亿元。依托湖州科技城、新能源产业创新服务综合体等创新载体，与中科院合作成立了新能源产业中心，与美国阿贡实验室、浙大、电子科大建立产学研深度合作。建成国家级企业技术中心 1 家、省级重点企业研究院 2 家、省级企业研究院 9 家。国际电动车新型锂电池会议（ABAA）永久会址落户新区。预计到 2022 年建成涵盖动力电池等原材料—其他零部件产业—新能源整车—运营与服务的完整产业链，成为国内有影响力、长三角重要的新能源汽车产业集群。规模以上的产值年均增长 12% 以上，2022 年达 115 亿元。

2020 年 6 月，安吉县挂牌成立了全省首家"两山银行"，有效解决在生态产品价值实现过程中的难度量、难抵押、难交易、难变现等问题。目前安吉"两山银行"数字化应用共计入库重点资源点位 550 余个，包括存量建设用地约 2000 亩、集体经营性建设用地约 5000 亩、林地 10 万余亩、水域约 1500 亩、闲置农房 200 余幢。其中，南太湖新区则通过"两山银行"平台收储低效企业用地 2655 亩，整合提升后招引落地了一批绿色程度高、产值效益好的项目。

南太湖新区是全国绿色金融改革创新试验区，遵循习近平总书记"一定要把南太湖建设好"的重要指示精神，以高质量的项目建设推进新区高质量发展，为湖州建设滨湖花园城市、打造"重要窗口"示范样本、争当社会主义现代化先行省排头兵贡献更多的新区力量！

第六章

浙江省开发区创新提升方向

# 第一节 体制机制突破持续激发
## 开放平台更大势能

## 一、浙江省开发区体制机制改革创新的必要性和紧迫性

世界政治经济出现巨大变革，新技术的伟大实践给开发区发展带来机遇和挑战。目前，世界经济仍处于金融危机后的深度调整和恢复期，增长较为缓慢。发达国家消费和投资需求缺乏热点，经济总体在较低水平上波动。受有效需求疲弱等因素影响，全球贸易低速增长。同时，全球新一轮科技及产业变革日益深化，催生战略性新兴产业快速发展。随着新兴产业的崛起及技术溢出，开发区将迎来创新发展和产业转型升级的良好契机。此外，在物联网、云计算、大数据技术等带动下，全球产业价值链加速重构，高端价值链供需和研发设计能力大规模、跨国界转移，为开发区承接国际先进制造业与现代服务业提供了新的机遇。

开发区自身发展需要重新定位，同时必须将科技创新和制度创新作为转型升级的最重要动力。此前30多年，各开发区的发展动力可以分为三个要素：一是政策，过去开发区可以通过土地、财税、人才等政策获取优质资源；二是行政化，开发区管委会可以通过行政功能聚集广泛资源，统筹社会资源和行政资源；三是硬基础，如园区的"五通一平""七通一平"等保障了项目落地和企业生产所需的基础设施。时代在发展，园区的运行模式也始终在迭代升级。新发展阶段，必须加强制度系统性、内生性地供给，不能仅仅停留在要素的机械性叠加。产业的"物理集聚"需转变为产业的"化学集聚"，使开发区内的企业依托产业链、价值链、创新链融合共生，产生新的成果，创造更多附加值，例如，浙江省开发区正在大力参与的"特色小镇"建设。硬基础要转换为软环境，要将园区的发展空间从物理空间

拓展到网络空间，从更多方面去满足开发区新的要求，比如开发区的智慧化问题、开发区的文化氛围问题等。

中国经济发展急需转变发展方式和培育新动能，给开发区创新发展带来机遇和挑战。国内成本要素上升、企业经营困难可能会影响外国投资者对华投资决策，造成新的压力。一方面，自贸试验区等一批国家级新型开放平台享受着国内最为开放和创新的促进政策，在为开发区带来一定示范效应的同时，也对开发区引领对外开放的战略地位带来了挑战。另一方面，中共中央、国务院出台的《关于促进开发区改革和创新发展的若干意见》《关于推进国家级经济技术开发区创新提升打造改革开放新高地的意见》等明确提出推动开发区创新发展。浙江省委省政府随后出台的《关于整合提升全省各类开发区（园区）的指导意见》《关于打造高能级战略平台的指导意见》等提出了"520"目标，即到2025年，打造20个左右高能级战略平台，着力建设以高能级战略平台为引领、国家级和省级开发区（园区）为支撑的高质量发展平台体系。新的时期，要聚焦"一个创新、两个提升、四个一批"的实施路径，创新开发区（园区）体制机制，提升对外开放创新水平、提升产城融合水平，淘汰撤销一批未能纳入整合优化、转型提升的开发区（园区），转型提升一批符合条件的开发区（园区），整合优化一批开发区（园区），建设打造一批高能级战略平台，加快形成功能布局合理、主导产业明晰、资源集约高效、产城深度融合、特色错位竞争的开发区（园区）体系，为全省建设"重要窗口"提供有力支撑。

## 二、全国各地开发区体制机制改革的主要做法

2019年8月，天津市对外开放工作领导小组印发了《关于印发推进国家级经济技术开发区创新提升打造改革开放新高地若干措施的通知》。通知一共12条，其中4条属于体制机制改革，占据整个文件核心内容篇幅的1/3。通知关于体制机制改革创新的内容主要包括：一是深化放权赋能改革。支持具备条件的国家级经开区设立行政审批管理机构，依法有序赋予市区级审批权限。二是优化管理机构职能。按照机构编制管理相关规定，允许国家级经开区自主优化调整内设机构、职能、人员等，探索建立法定

机构、实行企业化管理等模式。三是完全绩效激励机制。支持国家级经开区创新选人用人机制，经批准可实行聘任制、绩效考核制等，允许实行兼职兼薪、年薪制、协议工资制等多种分配方式。四是创新建设运营机制。支持国家级经开区实行政企分开、政资分开、管运分离，成立市场化、专业化运营公司。

2020年3月，江西省人民政府出台了《关于推进全省国家级开发区创新提升打造改革开放新高地的若干意见》，共计提出了5个方面20项具体任务，要求探索富裕开发区与所在地政府同等的经济管理权限，进一步深化"放管服"改革，通过省政府放权或所在地政府授权，依法依规赋予开发区省市级相关管理审批权限等。

2020年7月，湖北省人民政府出台了《关于推进开发区创新提升 打造改革开放新高地的实施意见》，将创新体制机制、放活改革自主权提到了最重要的位置，提出三点要求：一是激发管理体制活力。鼓励和支持开发区推行政企分开、政资分开，支持开发区管理机构根据干部人事政策和发展需要，在核定的用人额度内，创新选人用人机制。支持开发区管理机构探索实行兼职兼薪、年薪制、协议工资制等多种分配方式。二是创新开发建设和运营机制。支持地方人民政府对所辖开发区开发建设主体进行资产重组、股权结构调优等，支持有条件的开发区开发建设主体申请首次公开发行股票并上市。三是持续优化营商环境。严格实施市场准入负面清单制度，持续推进行政审批"多证合一""证照分离"和"照后减证"等改革，切实解决"准入不准营"难题。

2020年9月，江苏省人民政府下发《关于推进全省经济开发区创新提升 打造改革开放新高地的实施意见》，提出要深入推进全省经济开发区开放创新、科技创新和制度创新。在深化体制机制改革方面，提出了四点要求：一是优化机构职能设置。要根据经济开发区不同发展阶段、功能定位、管理模式和发展需要，推动有条件的经济开发区深化体制机制改革。二是创新建设运营模式。鼓励经济开发区探索建立市场化运营模式，实行管理机构与开发运营企业合理分离。与其他地方不同的是，江苏省还支持符合条件的经济开发区运营主体在境外上市以及发展债券融资，也同时支持开展不动产投资信托基金试点。三是促进整合优化发展。以"一县一区、一区多园"为基本原则，坚持规划先行、空间整合、管理合一、产业错位、功能优化等目标，按照先空间、后管理、再功能的步骤，以大带小、以强扶弱，有序分类推进经济开发区的整合优化。四是深化"放管服"改革。各地各部门要按照"权责一致、职能匹配、能放尽放、精准赋权"原则，将能放尽放且助推开发区建设发展的经济管理权限依法精准富裕经济开发区。

## 三、新时期开发区体制机制突破的思路

围绕招大引强、有效投资、亩均效益、绿色低碳发展等重点工作，聚焦经济建设主责主业，依托浙江发展新优势，以市场化运营、数字化改革、"链长制"等为抓手，发挥平台整合、要素集聚、机构精简、职能优化等优势，探索开发区体制机制创新发展新路径，加快形成承载国家重大战略和打造世界级高端产业集群的重大战略性核心平台。

### （一）推进开发区制度体系建设

在全国的产业发展中，开发区（园区）始终扮演着非常重要的角色。尽管现在全国已有国家级经济技术开发区230家，其他省级开发区约2300多家，但国家层面包括全国大多数省市开发区层面的立法始终处于缺位状态，使得开发区经济主业职能得不到有效保障。因此，推动《浙江开发区条例》立法，形成完善的开发区（园区）立法体系，推动开发区（园区）经济活动纳入法制化、制度化轨道，为开发区高质量发展提供法制化保障。实施开发区法定机构改革，探索试行以市场运作为重点的开发区法定机构组建。法定机构改革的重点内容之一就是深入推进人事制度改革。要积极引导鼓励各开发区因地制宜分阶段分步探索人事管理体制。一方面，探索建立干部管理和人事制度的改革试验区，对开发区管委会领导成员实行公开竞聘和任期制。另一方面，探索全员聘用制，对特殊岗位和优秀人才实行政府雇员制。法定机构改革的另外一个重要内容就是提高组织效率，建立扁平化高效运作的开发区组织管理体系十分重要。要结合每个开发区的发展实际，探索搭建"小政府、中办事、大平台"的组织管理体系，纵向设置"一产业、一处室、一平台、一政策体系"

的组织架构，不仅要提高服务专业性，更要全方位优化组织的运作效能。与此同时，还要"因地制宜""因时制宜"探索灵活适用的开发区管理模式，高效推进浙江省开发区、特别是山区 26 县开发区建设进程，明确发展路径。此外，要以规划为引导，从全省之上而下，建立由省级统筹、各地市、区县有机衔接的开发区发展战略规划体系，各开发区主体结合自身的区域资源禀赋和产业基础，明确开发区发展的总体原则、方向、目标，并实施中期评估与相匹配的考核激励机制，全力推进新时期全省开发区（园区）的高质量发展。

### （二）加大开发区赋权力度

开发区发展的动力充足与否，与开发区体制机制的灵活性高度相关。新发展阶段，能否进一步提升开发区发展的自主性，将很大程度上决定新时期全省开发区进位赶超的目标。首先，要深入推进赋权管理，加大赋权赋能力度。建立权力清单、责任清单和负面清单制度，力求"权责一致、职能匹配、能放尽放、精准赋权"。推动菜单式赋权，可采用"一次下放、分步承接"方式逐步下放，目录外开发区有特殊需要的其他全力，按赋权程序上报相关政府部门研究后决定。推行省级开发区行使县（区）经济管理权限，国家级开发区探索赋予设区市经济管理权限试点。建立动态调整机制，持续赋权扩能。其次，要适当高配开发区核心领导班子成员，增强开发区资源集聚力。严格按照国务院、商务部对国家级经开区的"副厅级"机构配置要求，全力推进浙江省国家级经开区主要领导高配全覆盖，建议设区市国家级经开区由副市级以上领导担任开发区党工委书记、主任，设在县（区、市）的国家级经开区由县（区、市）主要领导担任开发区党工委书记、主任，领导级别相应提升，全面协调管理地方优势资源向开发区集聚，增强开发区干部干事热情。最后，加大运营激励力度。建立开发区投入产出核算体制，实行"划分收支、核定基数、超收分成"财政激励，将市及市以下留成的新增财政收入按一定比例返还开发区；管委会和下属国有公司实行"政企分开"，支持开发区运营主体公司独立运营，以市场化运作方式实现资产增值。

### （三）推动开发区管理体制优化

推动开发区管理体制优化，本质上需要划定开发区与省级部门、属地政府、乡镇街道等相关主体职责边界，明确各类权责、利益等分配关系。首先，明确省级部门职责，建立省级层面组织统筹协调机制。建立由省政府领导挂帅的省级层面主管部门联席会议制，统筹推进开发区规划实施、建设管理和考核评价。建立对开发区动态管理机制。探索省级层面的开发区重大项目全生命周期管理。加强省级主管部门之间沟通协调，统筹财税、用地、金融、产业、科技、人才政策资源，完善政策体系，加强政策协同。其次，明确划定属地政府与开发区职责边界，明确权责分配，推动开发区聚焦经济发展主责主业。对处于起步阶段、区域范围相对独立的经济开发区，要聚焦经济发展主责主业，社会事务管理职能原则上交由属地政府承担。对托管代管乡镇（街道）的经济开发区，应进一步理顺与所辖乡镇（街道）的关系，职能各有侧重。对经过多年发展、产城融合度较高的经济开发区，积极推动向城市综合功能区转型，具备条件的可与所在行政区实行一体化管理。最后，明确开发区与乡镇街道协作关系。要明确开发区作为当地经济主平台的角色定位，将乡镇园区的经济建设和规划纳入开发区。探索实施"管委会＋属地乡镇街道"模式，开发区专注于经济职能，社会事务将其交由属地乡镇街道管理，乡镇（街道）书记兼任管委会党工委委员。探索乡镇街道税收增加值分成机制，开发区一部分税收与乡镇街道共享，形成利益联结机制。

### （四）推动建设跨区域开放平台

一是加强开发区、自贸试验区、综保区等开放平台的互联互通、资源共享，构建集产业链、投资链、创新链、人才链、服务链于一体的开放协同创新体系。二是主动对接自贸区相关的改革试点，实现自贸区和开发区优势叠加，探索设立自贸区特别合作区。三是推动开发区深度融入"一带一路"倡议，依托国际产业合作园、境外合作园等，探索与对应国家经济、产业、商贸互惠共赢的合作方式。四是构建全省开发区协同发展新平台，以"双链长制"推进先进开发区与山区26县开放平台共建共享，践行高

浙江省开发区建设

理论与实践探索

质量建设共同富裕示范区的光荣使命。创新"飞地"园区模式,探索在空间不转移情况下的税收转移,统筹调配土地、环境容量等指标,实施"飞地"园区建设用地跨市县公开竞价交易制度。

# 第二节　数字园区建设落实
# 数字化改革任务

数字时代,浙江作为时代弄潮儿,积极引领数字改革浪潮,在 2021 年 2 月 18 日在全国率先部署了关系全局、影响深远、制胜未来的重大集成改革——数字化改革。开发区作为经济发展的主战场,更是数字化改革落实的关键平台之一。

数字园区仅仅围绕数字浙江建设总目标,统筹运用数字化技术、数字化思维、数字化认知,基于全方位、多层次的管理模式,利用物联网、云计算、大数据等新兴技术,形成围绕园区的集成式服务,能够显著减少领导者管理半径和管理纵深,持续提升园区的智慧性、有序性和集成性,打造智慧技术应用和智慧产业发展的"智慧园区"生态圈。数字园区本质上是信息化、工业化、城镇化的高度融合,也是实现园区产业全要素、全产业链、全价值链连接的关键支撑,更是新发展阶段开发区转型升级的关键载体和重要抓手。

## 一、数字园区建设的意义

### (一)建设数字化园区有助于形成完善的数字经济产业体系

核心技术的竞争在很大程度上是产业体系的竞争,以数字化园区建设为契机,能够有效集聚数字经济相关企业,并打通创新链、产品类、价值链,更好地发挥龙头企业的技术创新能力。

### （二）数字化园区有利于园区服务提档升级

导入智慧园区管理平台，通过云计算、物联网、人工智能等技术，能够有效整合园区数据管理、安防、公共服务等多个平台，实现各个系统的信息交互和共享、联动互动，提升园区综合服务能力。

### （三）建设数字化园区有助于体制机制创新

创新创造活力的激发和释放就在于加快破除影响核心技术创新及其成果转化的制度性障碍。实施数字化转型的园区通常拥有着更加高效的资源要素循环通道，企业入驻园区后也能够相应地享受到更为灵活的政策，包括园区的科技经费支持、财税支持等。

### （四）建设数字化园区有助于推进开放合作

目前，我国全球价值链占位不高，核心技术的发展需要借助开放发展的力量。数字园区的建设不仅有助于疫情等突发情况下产业链、供应链的联动协同，更重要的是能够以数字技术为切入口实现更大跨度的产业技术合作，支持和鼓励优质资源要素向浙江转移。

## 二、数字园区建设的经验做法

### （一）国外数字园区建设的经验

随着互联网和城市化的加速发展，尤其是智慧城市概念的兴起，国外数字园区的发展大体经历了"自主集聚－要素驱动－市场驱动－创新驱动"的迭代升级过程。

美国、德国、荷兰等国家将智慧城市建设作为刺激经济发展和建立长期竞争优势的重要战略，在智慧城市这一先行概念的引导下，"数字园区"作为智慧城市的重要表现形态，其体系结构与发展模式已成为智慧城市在一个小区域范围内的缩影，既反映了智慧城市的主要体系模式与发展特征，又具备了不同于智慧城市发展模式的独特性。

2013 年，德国政府提出"工业 4.0"，以充分挖掘信息技术促进工业发展的潜力，抢抓新工业革命先机。2016 年 3 月，德国出台"数字化战略2025"，提出 10 项措施。其中包括巩固"智能化联网"在经济基础中的核心地位，将数字化技术的科研、开发和创新带入顶尖水平，实现各阶段的数字化教学全覆盖，以信息技术为基础建立智能工厂、智能交通、智慧城市和智能家居等一系列数字化系统。通过"数字化战略 2025"的实施，首先将信息化技术运用到园区的安全生产和管理环节，随后再扩展至安防、仓储、物流等其他环节，逐步促进园区智能化升级。

2018 年，美国出台《先进制造业美国领导力战略》，将智能和数字制造、先进工业机器人以及人工智能基础设施建设列为三大目标之一——"开发和转化新的制造技术"的优先计划。提出了将大数据分析和先进的传感和控制技术应用于大量制造活动中，从而促进制造业的数字化转型；在先进的制造环境中更广泛地采用机器人技术；制定人工智能的新标准并确定最佳实践，以在行业内和跨行业提供一致的可用性，可访问性和制造数据效用。美国大型园区在智慧园区建设过程中通常首先关注基础设施领域，中小园区偏重于某个应用系统智慧化，如智慧运维系统、智慧储运系统等，且非常重视大数据的积累和应用，并能够通过数据来提高管理效率，促进园区创新发展。

荷兰政府非常重视智慧园区建设方案的可复制性，因此前期调研和制定方案过程的时间较为漫长，论证也相对充分。荷兰各园区借助埃因霍温高新技术园区中的新一代信息技术研究成果，纷纷合作布局智慧园区项目建设，在安全生产、应急救援、环境保护、节能减排、空间管理、运营管理等领域实现了内外资源的整合，将各类信息有机串联起来，通过多个系统的有效协作，为园区提出合理的解决方案，以最大限度地确保园区高效运营。

此外，发达国家工业园区积极运用物联网等新技术实现资源能源高效利用、废弃物和污染物"零排放"的发展模式，创建改造型、全新规划型、以及虚拟生态型等不同模式的生态工业园区。其中，虚拟生态型工业园区以信息技术为载体，建立不同生产者之间的物质、能量和信息交换系统，更大范围地整合了关联产业，从而突破了产业链和循环链的地域限制。

## （二）国内数字园区建设的做法

1. 上海张江高科技园区：积极打造"业务数字化""数字业务化"

为全面落实《国家"十四五"规划和 2035 年远景目标》和上海市委市政府《关于全面推进上海城市数字化转型的意见》相关文件精神，上海张江高科技园区开发股份有限公司（以下简称"张江高科"）提出了打造张江高科"业务数字化，数字业务化"的管理新要求，明确了"全面提升数字化管理水平，实现数字化转型"的发展目标。

一是编制数字化转型升级三年行动方案和路线图。第一步是数据优化，即通过张江高科数据中台项目处理日益增多的业务数据，整合原有独立业务系统，建立统一数据库，以数据挖掘、数据清洗等技术优化信息化管理工作。第二步是平台搭建，即通过市场化运作，建设张江高科智慧园区平台，形成"一大脑、二中心、三平台"的核心管理架构，并在整体架构系统体系中建立各个应用模块，为园区管理数字化转型夯实基础。同时进一步开发利用园区日常运营产生的大量数据，形成数据资产。第三步是生态积淀，即通过产业导入形成应用场景的开发能力，利用 App/ 小程序等移动端应用，打造优秀的 2B2C 园区管理服务生态。提供涵盖"吃、穿、住、行、用"等各项服务，为园区企业赋能。实现园区级"一网统管，一网通办"，提升张江科学城功能。通过一定时期运行，积累业务数据，经过运行、试错、升级、迭代等过程，逐步形成智慧园区的自适应生态，并具备针对智慧园区数据资产开发的产业能力。第四步是业务拓展，即形成商业价值和品牌效应，逐步复制推广至上海及全国其他园区。

二是编制智慧园区碳服务相关规划。张江高科以习近平总书记提出的"四个革命、一个合作"能源战略为指导，积极落实国家"碳达峰、碳中和"要求，编制了综合智慧能源改造规划，通过理念创新、技术创新、模式创新，构建"绿色低碳、安全高效、开放共享、智慧韧性"的可持续发展综合能源系统，为园区提供"安全、高效、智慧、低碳、一流"能源供应。逐步实现节省初期投资、增加空间利用效益、优化运营和能耗费用、提供便利化的物业管理、提高建筑安全性、改善城市环境、减缓城市热岛效应、削峰填谷提高电网效率、节水节能减碳等功能。围绕"提高集成调度、远程操作、高效运行、智能运维水平，强化能源资产资源规划、建设和运营全周期运营管控能力"的双碳规划目标，通过市场化手段促进园区能源结构转型和能源供给侧改革。加强对低碳节能技术的应用，结合先进智慧能源管理平台，对标国内外先进商务区，探索同时满足能源供给方经营需求与能源消耗方节能降费要求的创新商业模式，助力园区招商引资。以张江科学城为基础，与智慧园区建设相结合，通过各个项目的建设、运营、迭代、升级这一过程，参与行业标准制定，提升复制推广能力，深度服务国家碳经济发展，为园区寻求新的产业增长点。

三是稳步推进企业数字化转型升级工作。发展企业数字化转型建设的前期基础是梳理数据问题、统一数据规范、归集数据资源，形成企业独有的数据资产。2020年，张江高科启动数据中台项目，已取得如下成效：通过数据标准化，强化数据沟通效率。张江高科业务多元化，跨部门协作量大，数据标准缺失导致企业内部存在"数据歧义""多台账"等问题。首先，数据中台项目启动后，通过统一部门之间的数据标识与指标口径，并且设立数据专员，解决了数据不规范的问题。其次，通过数据统筹化，优化数据管理模式。各业务子系统相互独立、孤岛纵横是推进数字化转型的主要障碍。目前，数据中台共对接OA、资产、财务、人事、股权等五大系统，每日同步更新近500张数据表，数据总量超过800万条，数据存储量超过11GB，实现了信息系统间的数据共享。最后，通过数据价值化，升级数据核心支撑。数据中台小组针对各部门痛点与需求，完成了数据建模与驾驶舱搭建。目前共开发完成9个驾驶舱，含26个子模块，累计超过220个指标项，涵盖了张江高科的主营业务、项目开发和投资产业三大主要板块。通过数据分析能够客观完整地反映企业经营状况，并为精细化管理与决策提供支撑。

四是努力提升园区平台数字化水平。在推进园区项目建设的过程中，针对企业内部问题与短板，信息化团队主动对接，以"一对一"调研和辅导的形式，协同各部门，多维思考、多路并行、多点保障，为推进数字化转型奠定基础。首先，持续推进填报数据的线上化工作。针对园区企业内部存在的诸多无系统支撑、依靠人工长期维护数据的问题，逐步实现线上填报和线上统一规范管理。已开发完成29个填报功能，共涉及

8个部门。其次，持续推进各业务流程再升级。针对业务线上的数据尚未形成闭环，难以追溯项目全生命周期的问题，努力实现跨部门数据闭环。通过制定标准完善驾驶舱，权限者可通过数据中台获取最新的具有统一标准的有效数据，为精细化管理提供支撑。再次，利用好平台反哺数字化转型。针对平台对数据质量与规范较敏感、实施构建过程中的业务数据使用、业务系统设计缺陷等问题，数据中台协同业务部门与系统供应商及时修改错录、漏录数据，加强系统数据完整性与准确性，促进业务系统向更贴近实际需求的方向迭代。最后，持续推进档案资产体系重构。目前已完成档案管理制度和业务规范梳理、线上历史档案数字化。已实现电子文件归档、全文检索和数字化管理，突破了档案"重藏轻用"的传统思维，化解各业务部门"信息孤岛"的僵局，实现了档案资产全过程管理与全流程监督。

2. 苏州工业园：全力构筑数字化新城

近年来，园区立足"中新合作"基础，秉承"开放创新"基因，以数据要素为核心，全面提升政府数据治理能力和水平，持续深化数字化发展的优势，着力构建智慧化、整体性、平台型"SIP数治"新范式，全力打造数字型政府。

一是坚持"一个整体政府"的转型方式，园区构建出"数据驱动、场景牵引"双引擎，即以数据为核心要素，实现"一次汇聚、多方共享、协同应用、安全开放"的一体化数据链，全面提升数据治理；以数字化场景牵引技术创新和市场应用，通过多元业务协同，提供功能丰富、服务高效的个性化业务应用，激发政府治理创新活力，构建智慧化（smart）、整体性（integrated）、平台型（platform）的"SIP数智"新范式，全力打造国家级开发区中机关协同效能最优、政务服务满意最高、数智治理能力最强的有为政府。

二是创新实施"54321"数智方案。在具体推进机制上，园区瞄准数字政府建设中普遍存在的体制机制堵点难点，创新提出"54321"工作新路径、新方法，即：建立一套组织架构负责统筹、一批CDO（首席数字官）具体推动、一支专员队伍技术支撑、一个国资大数据公司统一建运、一个大数据协会营造生态的"5"个一工作格局；聚焦推动政务服务"一网通办"、经济发展"一网提优"、城市治理"一网统管"、政府运行"一网协同""4"个一体化转型；着力加强系统优化整合、数据汇聚治理、场景开发开放"3"个重点工作；不断构建适应整体性一体化数字政府的"业务＋技术""2"个运营体系，聚力打造"1"个高度集成的数字化底座。

三是实施 CDO 首席数字官制度。CDO 制度是园区推进数字政府建设的一个亮点。据园区党政办（大数据管理局）负责人介绍，首席数字官制度是园区借鉴新加坡经验、结合园区实际，探索推进数字经济和数字化发展专项工作机制。根据《苏州工业园区首席数字官工作实施细则》，园区管委会及各功能区、部委办局、街道、社工委、派驻机构各设首席数字官一名，统筹推进数字化工作。制度实施至今，首席数字官们在促进园区各部门数字化转型、数据开发利用以及数据开放共享等方面发挥积极作用、取得实效。

四是市场化推进数智园区建设。针对数字政府"重建设、轻运营"等问题，园区明确一家国资大数据公司全面负责数字政府建设、系统运营、数据资源开发利用等工作，推动实现"建运并重、以用促建"。目前，该国资大数据公司已组建数据资源、政务服务、产业发展 3 个专业团队，2021 年承接园区数字政府建设任务近 40 项，完成了"经济大脑"等的开发上线工作。

## 三、浙江数字园区建设的相关思考

2019 年 8 月，浙江就率先提出了推动园区数字化转型的目标任务，到 2019 年底，浙江要打造 100 个左右数字化转型示范（试点）园区，包括经济开发区 15 家、高新区和科技孵化器（众创空间）30 家、特色小镇 20 家、小微企业园 35 家。

浙江建设数字园区，有着自身独特的优势。在全国范围内，浙江较早开始攻关和突破关键核心技术，在千禧年之初就确立起了科技强省建设目标；2004 年 7 月，时任浙江省委书记习近平指出，要"进一步加强应用基础研究，加强共性技术、关键技术的自主研发、创新和推广，努力在关键领域和若干科技前沿掌握一批核心技术，形成一批自主知识产权；2017 年

12月，在浙江省委经济工作会议中提出，实施数字经济"一号工程"，全面推进经济数字化转型，积极争创国家数字经济示范省……一系列重大战略的提出，为浙江布局数字化园区提供了现实依据。在数字技术创新能力上，据统计，在2018年，浙江省数字经济总量就已达2.33万亿元，较2017年增长19.26%，占GDP的比重达41.54%，高出全国平均水平6.74个百分点，总量和增速均居全国第四位，并培育了以阿里巴巴、海康威视、新华三等一批行业领军企业和华澜微电子、海康驰拓、士兰微、光大芯业等一批专注数字技术研究的高新技术企业。之江实验室等一批高端研究机构的成立，串联了浙江大学、阿里巴巴两大主体，构建起了多点参与的政产学研用资协同创新生态。因此，可以说，浙江建设数字化园区有着扎实的战略部署、主体支撑和研发力量等一众优质稀缺资源。

2019年，浙江省经济和信息化厅联合浙江省发展和改革委、浙江省科技厅、浙江省商务厅四部门联合印发了《浙江省推进数字化园区建设实施方案》，提出了数字化园区的具体建设目标：

一是园区信息基础设施完备。增强信息网络综合承载能力和信息通信集聚辐射能力，提升信息基础设施的服务水平和普遍服务能力，满足园区企业对网络信息服务质量和容量的要求。

二是园区管理数字化。建设与推广智慧园区管理平台，提升园区数字化管理水平，对园区内人流、物流、能耗、环保、消防和生产安全等进行高效管理，实时、直观掌握企业生产经营情况。应用云计算、物联网等新技术，规划支撑平台，设置统一应用门户，实现资源信息集成和应用服务集成。

三是园区服务数字化。充分应用信息技术，为入园企业提供政务代办、政策法律咨询、创业辅导、人才招聘、项目路演对接、融资、党建等公共服务。针对创业型企业需求，切实提供各类专项服务，助其降低成本，提升竞争力。构建以信息技术应用为支撑的园区员工生活服务体系，营造便捷、舒适、高效、安全的工作和生活环境。

四是园区企业数字化转型。鼓励"智慧工厂""无人工厂"的建设，实现园区企业上"云"全覆盖。引进知名数字化服务商或中介，为企业提供优质数字化改造服务。围绕园区产业定位，打造一体化产业链，实现生产、销售、物流各环节信息共享协同。引进优秀的、有前景的数字经济企业，完善数字经济产业链条。

尽管该政策发布较早，但具体的目标内容放在当下依旧具有很强的参考价值，尤其是在全省数字经济迅猛发展的今天，数字园区也迎来了新一波建设浪潮，如何在数字经济时代，高水平打造更加智慧的数字园区，打造以园区为单位的资源要素全方位、全领域、高能级高效率循环是时代赋予我们的一个重大命题。

## 四、浙江数字园区建设的具体路径

### （一）科学制订智慧园区建设发展规划，搭建数智框架

结合产业园区未来发展战略，根据园区类型和产业发展特点，高标准、高起点进行智慧园区建设顶层设计和制定规划，对园区所处前期规划、开发建设、运营管理等不同发展阶段，确定切合自身特点和需求的数字化建设及功能性应用目标、策略、重点任务。在统一规划的引导下，集中资源确定重点工程和系统部署，通过新一代的感知、大数据处理、智能化等手段，将土地、产业、商业、招商、运输、通信、能源和环境等核心信息系统集成，以"智慧"方式统一运营。

### （二）加快建设园区信息化基础设施，夯实数智发展基础

在园区统一规划下，完善智慧互联信息设施网，以云计算、移动互联网、物联网、智能终端和海陆空一体化通信为主体，推进园区"城市大脑"建设。利用新技术对传统基础设施进行智能化改造。配套电力、燃气、供热、供水、通信、道路、消防、安防、治污等技术设施建设，不断完善园区驻地网、移动通信网、无线区域网、通信中心、园区信息化管理中心等智慧园区基础设施，全方位为园区企业提供创新创业生态发展环境。布局建设基于IPv6的下一代互联网，加快推进新型基础设施建设。加快5G基站建设，加大5G场景应用，重点围绕"5G+工业互联网"、人工智能、物联网等，争取落地3个5G典型应用场景。加快打造运维体系，夯实信息网络软硬件和人才基础，确保智慧园区的可持续性运行。

## （三）不断提升园区服务与管理水平，优化数智服务

加快多功能、数字化智能管理平台建设，包括园区企业信息管理、办公自动化系统、环境监控管理、智能交通管理、资源能源管理、规划建设管理、电子商务管理、电子物流服务、人才资源管理、园区综合管理等，逐步形成产业地图、智慧招商、安全生产管理、工业用地低效管理等多业务协同场景综合项目管理系统，在实现数据资源跨部门、跨业务、跨系统的共享、共用、交换互通格局的同时，为园区和企业资源利用、产业结构、运行管理的全方位数字转型提供决策依据。完善双碳智造平台功能，完成企业端上线，实现与"企业码"挂钩，实现企业一码查询、政府一码服务；完成碳治理、碳服务功能模块上线。完成"一码管地"土地全域治理平台建设推广，为园区打造可视化整体框架级土地管理应用，与企业闲置资源信息平台整合，以数字化推动园区产城融合和产业发展。建立"掌上园区"，优化工业项目全流程管理系统，明确企业端入口，扩展平台功能，初步打造全局可视、智能决策的创新型智慧孪生园区系统。与经信、环保、应急管理局等部门合作，加快建立智慧安全、智慧环保、智慧应急、智慧能源、数字化招商、数字化项目推进、数字化征迁、公权力运行、经济分析等应用，打造创新型智慧园区整体的框架级应用。

## （四）加快产业数字化改革，实现传统产业新提升

加快中小企业数字化改造。深化"企业数字化制造，行业平台化服务"新创模式，鼓励基础较好的中小企业个性化定制改造，做深做实；对大部分正在"入门"的小微企业，提升数字化平台"在线率"和"活跃率"。新建智能制造服务云平台，整合线上线下各方资源，为中小企业提供更方便、更快捷、更丰富的数字化、智能化改造服务。推动工业互联网和制造强省深度融合。提升"1+N"工业互联网平台体系，积极构建"5＋N"工业互联网平台布局，实现行业资源共享，产业链上下游协同发展。努力探索传统行业数字化赋能的新模式、新业态。加快小微企业园、创新服务综合体、数字产业园建设，大力发展智能制造产业。鼓励数字化智能化产品开发。重点围绕园区特色产业，鼓励企业利用传感器、嵌入式软件，结合

5G 技术等，开发智能网联配件、部件和产品，提升产品的附加值和竞争力。积极与科技部门对接，加快中小企业产学研合作步伐，提升技术水平。积极与高科技企业和科研单位协作，提升企业研发效率，明确研发方向。

### （五）加快数字产业发展，增创经济发展新动能

加大数字经济项目招引力度。加大 IT、大数据、云服务、人工智能等信息技术产业项目招引力度，对接北京、上海、深圳、无锡等先进城市和地区，招引信息技术尤其是信息服务产业项目。加大数字智造项目招引力度，瞄准数字智造产业，突出产业链上下游优势，每年招引一批优质企业落户开发区，不断做大数字经济产业规模。加强数字经济企业培育扶持。抢抓新一轮科技革命和产业变革发展机遇，协助企业引育人工智能、大数据、物联网、虚拟现实等前沿技术，扶持数字经济领域小微企业发展壮大。针对生物医药（大健康）人工智能、新材料、电子信息等重点产业领域，制定个性化问题的智慧化应用方案。加快"数字飞地"建设，将数字经济产业打造为全县经济增长主引擎之一。加强数字产业链、供应链自主可控能力建设。积极发挥龙头企业在产业链协同创新中的领衔作用，联合高校院所，围绕高端装备、数字技术等重点产业领域，组建一批产业协同创新联盟、重点实验室等新型载体，集中力量引进和培育人工智能和数字 5G 领域产业领域链主型企业和链条项目，增强数字产业链、供应链的安全性稳定性。

### （六）完善智慧园区技术标准和规范，构建数智标准体系

在国家和地方，以及行业信息化相关技术标准规范的基础上，梳理智慧园区信息化应用、网络信息安全生物技术标准和规范。同时结合不同类型产业园区的特征和发展需求，开展智慧园区管理标准、应用标准、网络基础设施标准、信息安全标准的规范性修订，以及各类云平台和智慧领域的技术标准和规范制定，加强智慧园区标准化体系建设，完善智慧园区发展水平评价标准，规范园区智慧化建设和运营。

（七）创新智慧园区投融资运营模式，开辟数字园区合作开发新路径

针对智慧园区建设和试点中的多种开发建设模式，探索投资多元化、技术更新化、运营高效化的模式，全面构建以天使投资、风险投资、股权投资为主体的创投体系，促进信息技术与资本、管理、人才等要素集成，在产业园区这一载体空间中，推动智慧技术孵化与新兴产业培育，探索在政府引导和支持下的智慧园区合作开发新路径，引导金融资本有效支撑产业园区数字化转型，推进设立数字化转型相关基金。提升产业园区数字素养，广泛开展数字化转型技能培训，面向园区管理人员等推广数字化培训。

# 第三节　绿色低碳转型响应
# 双碳双控号召

实现碳达峰、碳中和是贯彻新发展理念、构建新发展格局、推动高质量发展的内在要求，是以习近平同志为核心的党中央作出的重大战略决策。在省委理论学习中心组专题会上，浙江省委书记袁家军指出，"双碳"工作是重大任务，是共同富裕示范区的题中之义。作为共同富裕示范区建设的重要载体平台，浙江省国家级经开区在2021年全国经济技术开发区综合发展水平考核评价中交出靓丽答卷，4家进入全国综合前三十强，3家进入使用外资十强，1家进入对外贸易十强。新发展阶段，浙江省国家级经开区亟须抢抓"双碳"变革契机，积极学习借鉴苏州工业园、广州经开区、北京经开区等先进国家级经开区低碳实践经验，争当"双碳"实践的排头兵，为浙江省加速低碳转型、实现"双碳"目标贡献更佳案例。

## 一、先进国家级经开区低碳创新实践

### （一）苏州工业园低碳经济全面发力

苏州工业园创立之初就循迹"花园城市"新加坡等先进城市生态路径，着力发展低碳经济，成为首批国家低碳工业试点园区。一是数字赋能低碳治理。率先建成城市区域级能源大数据中心，构建碳普惠服务等五大功能模块，试点建立碳普惠市场，鼓励企业和市民自主进行碳交易。二是开展国际低碳合作。着力引导区内欧莱雅、博世等世界500强企业苏州工厂使用太阳能、风能、生物质能等清洁能源和购买碳汇等，多渠道推进减排降碳工作。三是深度推进产城融合。2016年，出台全国首个园区低碳社区建设方案，倡导低碳出行、普及低碳家居，持续推进"零碳交通"转型，促进居住、出行等生活领域低碳化转型。

### （二）广州经开区打出低碳政策组合拳

广州经开区以低碳政策为主抓手，大力扶持低碳产业发展。目前，已累计引进现代汽车氢燃料电池系统等20多个氢能产业项目，并获评国家新能源综合利用示范区。一是率先出台碳中和专项政策。2021年，出台"低碳16条"，从支持循环经济、节能降碳、能源管理等七个维度构建政策扶持体系。二是政策力度持续加码。继2019年全国率先发布"氢能10条"后，2021年升级推出"氢能10条"2.0版，持续发力氢能源关键领域，扶持奖励最高可达1亿元。三是支持绿色金融创新发展。2020年，出台"绿色金融10条"，对购买碳排放配额质押贷款保证、保险等创新型绿色保险产品给予一定补贴，引导企业加速低碳转型。

### （三）北京经开区锚定"碳中和"打造"亦庄样板"

北京经开区高起点树立"碳中和"亦庄标杆，创成全国首家"碳中和"的智慧园区和全国首家"碳中和"工厂，全面引领低碳发展。一是深入推进清洁能源替代。积极引导企业部署风力发电机、光伏发电板等储能系统，持续丰富清洁能源供给，减少二氧化碳排放。二是引入碳抵消机制。鼓励企业购买国家核证自愿减排量（CCER）核销温室气体排放。三是打造技术支撑平台。依托国研智库，联合有关部委、高校、智库成立"3060 实验室"，持续输出碳捕集、利用与封存（CCUS）等低碳解决方案。

## 二、浙江省国家级经开区碳排放特点与低碳实践

### （一）碳排放总量大强度低，碳控工作存在压力

总体来看，浙江省 21 家国家级经开区（除新设立的台州湾经开区）碳排放总量超全国平均水平，碳排放强度低于全国平均水平，存在一定减排压力。由于产业结构等差异，经开区之间碳排放表现差距较大。从碳排放总量来看，处于阈值上限的宁波大榭经开区碳排放总量高达 3060 万吨，是阈值下限的丽水经开区的 34 倍。从排放强度来看，碳排放强度最大的宁波大榭经开区单位 GDP 碳排放强度和单位工业增加值碳排放强度分别为 7.98 吨 $CO_2$/ 万元和 15.38 吨 $CO_2$/ 万元，远超碳排放强度最小的余杭经开区的 0.20 吨 $CO_2$/ 万元和 0.52 吨 $CO_2$/ 万元（见表 6-1）。

表 6-1　国家级经开区碳排放总量与强度情况

| 指标 | 单位 | 全国平均值 | 浙江省平均值 | 浙江省区间 |
|---|---|---|---|---|
| 碳排放总量 | 万吨 $CO_2$ | 606 | 760 | [90，3060] |
| 单位 GDP 碳排放强度 | 吨 $CO_2$/ 万元 | 1.77 | 1.53 | [0.20，7.98] |
| 单位工业增加值碳排放强度 | 吨 $CO_2$/ 万元 | 3.28 | 2.82 | [0.52，15.38] |

### （二）浙江省经开区创新探索，低碳实践特色鲜明

萧山经开区争当数字"碳"路先锋。作为工业大区，萧山经开区工业碳排放量占比达到 44.6%。积极响应"双碳"目标，创新推出"双碳大脑"，搭建"碳地图、碳足迹、碳管理、碳场景"四大板块，实现碳排放感知、碳源追踪、碳排放管理等功能，衍生开发碳账户、碳商城等应用。目前，萧山亚运场馆已建立碳账户，有望在亚运期间实现绿电供应。截至 2021

年7月，超2500家规模以上的企业接入"双碳大脑"，借助"看碳、析碳、管碳"功能调整生产活动，助力减排降碳。

嘉善经开区燃料电池"氢"装上阵。嘉善经开区抢滩氢能源及燃料电池赛道，积极招引氢燃料电池产业项目，引进爱德曼等优质氢能源项目。目前，建成全省首座加氢站，加氢量日益攀升，自全省首条氢燃料电池公交线运行以来，约有100台氢燃料电池公交车投入使用，可以实现全程零碳排放，服务长三角生态绿色一体化发展示范区建设。

丽水经开区发力合成革产业低碳转型。丽水经开区对标国际最高环保标准，推进合成革产业"油改水""水扩量"，推广应用水性聚氨酯等低碳材料生产合成革，大幅减少碳排放，被列入全省"腾笼换鸟、凤凰涅槃"典型案例。园区被授予全国唯一的"中国水性生态合成革产业基地"，入选浙江省级绿色低碳工业园区。同时，经开区建立"生态合成革产业大脑"，探索搭建碳排放数字化追溯等特色应用场景，推进碳排放治理智能化、数字化，并入选浙江省首批行业产业大脑建设试点。

综合来看，浙江省部分国家级经开区低碳实践在数字化、清洁能源替代、产业低碳转型等方面已取得一定成效，但在系统谋划、政策储备、能源供给等领域与先进国家级经开区仍有一定差距。

## 三、浙江省低碳园区下一步转型方向

### （一）立足实际，系统谋划"碳达峰"

一是分类部署"双碳"顶层设计。根据产业定位和功能定位，差异化制定经开区"碳达峰"的目标和路线图。二是完善碳排放测算。按照国家统一口径，测算碳排放总量与强度，核算碳源和碳汇，加强动态监测。三是构建数智精准控碳平台。发挥浙江省数智治理先发优势，鼓励经开区先行探索"双碳"数智平台，开发碳账户、碳足迹等应用，推动"双碳"目标的实现。

### （二）提前发力，加大政策支撑

一是科学设置考核指标。新增可再生能源和原料用能不纳入能源消费总量控制，探索构建碳排放总量和强度"双控"指标，纳入全省经开区年度综合考评等考核机制。二是发挥财政激励作用。加大经开区"双碳"关键领域投资落户奖励力度，紧抓全国碳排放权交易市场正式运行契机，引导区内企业先行参与碳交易获取碳收益。三是支持开发碳金融产品。创新设计碳排放配额质押贷款等产品。四是加强低碳人才保障。鼓励省内高校成立低碳学院、开设低碳专业，加快培养低碳领域专业人才。

### （三）统筹布局，全面优化产业和能源结构

一是加强高碳排放产业全链协同。对钢铁、建材、石化、化工、造纸、化纤、纺织等七大高碳排放产业上游开展低碳化改造，推进中下游能源替代、节能减排、CCUS技术攻关和碳交易，全产业链协同降低碳排放。二是加快发展低碳产业。加快发展数字经济、新能源等低碳产业。积极抢抓杭州市申报服务业扩大开放综合试点契机，大力发展生产性和高端生活性服务业。三是优化新能源区域布局。依托打造"环杭州湾""义甬舟"两条氢走廊契机，鼓励沿海经开区开发利用海上风电，有条件的山区建设抽水蓄能电站，构建低碳安全高效的能源体系。

### （四）产城融合，强化示范引领

一是狠抓工业减碳。牵住工业园区减碳"牛鼻子"，从能源结构、产业布局、基础设施、园区管理等方面开展低碳改造行动，鼓励创建一批国家低碳工业园区。二是加强国际低碳合作。依托国际产业合作园等平台，重点围绕氢能、光伏等产业领域与美国、荷兰等国进行低碳产能合作，引进节能环保新材料、新能源项目，争取中美低碳可持续发展合作峰会落地杭州。三是开展"零碳"试点。创建一批近零碳排放社区试点，倡导建筑节能、低碳出行，从衣、食、住、行等方面降低生活领域的碳排放。

# 第四节 协同联动助力山区 26 县实现
# 跨越式高质量发展

"七山一水两分田"是浙江省的地理特征，加快山区经济社会发展关系到富民强省和全面建设小康社会建设全局。浙江省开发区在拉动经济社会发展的作用日益突出，优势日益明显，成为促进经济发展方式转变、加快经济结构调整的重要力量。开发区正逐渐成为外向带动、内源支撑、科技引领、体制创新、环境友好的先导区；成为资本集聚、工业集中、产业集群、用地集约、功能集成的示范区。山区 26 县由于区位、生态环境、基础设施等多方面限制，当地开发区在推动当地经济社会发展的战略地位极为突出。加快 26 县开发区的发展，对推动山区经济社会发展、促进"山海协作"、缩小地区发展差距等方面意义重大。

## 一、山区 26 县（市、区）开发区的发展历程

浙江地形复杂，山地和丘陵占 70.4%，平原和盆地占 23.2%，河流和湖泊占 6.4%，耕地面积仅 208.17 万公顷，故有"七山一水两分田"之说。在全省 90 个县（市、区）里，山区县（市、区）占了 26 个，包括淳安、永嘉、文成、平阳等。26 县面积约占全省总面积的 44.5%；根据七普数据，2020 年末人口总数为 1016.9 万人，约占全省总人口的 15.8%。优质旅游资源十分丰富，拥有 5A 级旅游景区 6 个，世界遗产 8 处，国家级风景名胜区 8 处。从空间分布上看，主要集中在浙西南地区，属于地广人少地区。26 县的生态环境突出。其中有 11 个县属于国家重点生态功能区，占山区 26 县比例的 42%；省级生态经济地区 8 个，占到全省省级生态经济地区的 53.3%。

2015 年之前，山区 26 县还一度被称为"相对欠发达县①"，尽管放在全国来看，它们已经超出了全国县域经济发展平均水平，甚至处于中上游，部分县的经济总量、财政收入等和西部省区一些地级市相比，都毫不逊色。但因为身处浙江，山区与沿海的巨大贫富差距，一度成为浙江发展的"失衡之痛"。2015 年 2 月，浙江召开了推进 26 县加快发展工作会议，会上宣布正式决定给 26 个欠发达县"摘帽"，并取消 GDP 总量考核，转为重点考核生态保护、居民增收等。这一期间，浙江更加关注发展的相对均衡性，也正是基于这一点，自此山区 26 县有了一个新称号"加快发展县"。2018 年，浙江省委省政府出台《关于深入实施山海协作工程促进区域协调发展的若干意见》指出，26 个加快发展县简称为"26 县"。

从"相对欠发达县"到"加快发展县"，从"加快发展县"到"26 县"，这一次次转变，不仅仅是简单的"头衔"转变，更是背后浙江人夜以继日的砥砺奋进和踔厉奋发。在工作制度方面，有省委常委、副省长主动联系欠发达市县制度；在政策措施方面，有"欠发达乡镇奔小康工程""低收入群众增收行动计划""重点欠发达县特别扶持政策""低收入农户收入倍增计划""绿色发展财政奖补机制"等。尤其是省委省政府对山区 26 县的财政扶持力度，据浙江省财政厅统计，光 2011 至 2013 年省财政对 26 县转移支付就累计达 1040.36 亿元。为进一步推进山区 26 县加快发展，2012 年 8 月，省委省政府办公厅印发《关于推进山海协作产业园建设的意见》，拉开了省级山海协作产业园建设的序幕，推动了柯城和余杭、衢江和鄞州、龙游和镇海、江山和柯桥、常山和慈溪等一批 26 县和发达区（市、县）结对，合作内容包括产业共建，以及在教育、医疗、卫生、劳动力培训等社会领域的合作，像高校"帮扶共建"、名师结对培养、医院托管、职业技能培训等。

---

① 与贫困县概念存在差异。浙江自从 1998 年淳安等 4 个县摘帽"贫困县"之后，就再无贫困县。

2018年1月，省委省政府印发《关于深入实施山海协作工程促进区域协调发展的若干意见》，提出"全力打造山海协作工程升级版"的工作目标，明确要"创新平台建设，促进山海融合互动发展"。

近年来，山区26县着力推进绿色发展、生态富民、科学跨越，守护住了绿水青山，创新推动了"两山"转化，促进了群众增收，创造了许多最佳实践，形成了很多新的成效。

一是绿色动能持续增强。2020年，26县第一产业增加值达到427亿元，增速稳定在2.5%以上；高新技术产业增加值超过520亿元，占规模以上的工业增加值的比重超过40%；第三产业比重逐步扩大，旅游业增加值达到570亿元。二是城乡发展更趋协调。2020年，26县实现县通高速，11个县通高铁，结束了遂昌、松阳、龙泉、庆元4县不通铁路的历史。城乡居民人均可支配收入与全省平均水平的倍差不断缩小。三是山海协作纵深推进。2020年，全省新签约山海协作产业项目450个，完成投资550亿元；强化山海协作产业平台共建，9个工业产业园、18个文旅产业园共完成投资386亿元，新引进项目212个，到位资金322亿元。累计建立42个"飞地"，实现26县共建平台全覆盖。四是民生福祉稳步提升。大力提升教育、卫生、文化等服务能力和水平，形成20分钟医疗卫生服务圈、20分钟交通可乘圈、30分钟文化服务圈。26县全部通过国家义务教育发展基本均衡县评估；推动省级优质医疗资源对26县全覆盖，17个县县域就诊率超过90%；完成458万人农饮水达标，基本实现城乡居民同质饮水。

2021年6月11日，在第二届中国—中东欧博览会暨国际消费品博览会、第二十三届中国浙江投资贸易洽谈会即将落幕之际，浙江首次召开山区26县开放平台共建发展对接会，旨在加快建立浙江开放平台南北帮扶、东西共建的工作机制，实现山区26县经济开发区综合实力跨越式发展。时任浙江省商务厅厅长盛秋平指出，2020年党中央提出"加快构建以国内大循环为主体、国内国际双循环相互促进的新发展格局"的重大战略部署，浙江要通过产业、要素、人才、资金、信息和数据等要素的流动畅通实现"省内循环"。本次活动探索发达地区与山区26县开放平台的合作共建是一次有益的尝试。下一步，要推动更大范围、更宽领域、更深层次协作，从顶层设计上推动单向引导"输血"向双向合作"造血"转变，传统产业梯度转移向创新成果转化转变，县域全面协作向平台精准对接转变，形成统筹有力、竞争有序、绿色协调、共享共赢的新机制。会议举行了浙江开放平台共建合作结对签约仪式，发布了浙江省山区 26 县开放平台共建发展倡议书，11 对先进地区开发区和山区 26 县开放平台代表共同签署合作意向书。一批支持山区 26 县发展的项目签约落地，12 家开发区与 20 家企业成功签订了 21 个项目。其中，正式投资协议 5 个，投资总额 33 亿元；意向框架协议 16 个，预计投资额 273.4 亿元，涵盖汽车零配件、新材料、清洁能源、食品饮料等产业。本次对接会的成功举办，标志着浙江"上海协作工程"开启新篇章。

　　2021 年 7 月 13 日，浙江省商务厅、省发改委在杭州联合举办浙江省山区 26 县共建发展推进会。此次会议是浙江省山区 26 县开放平台共建发展对接会后首个推进会，旨在回顾总结开放平台合作工作取得的成果，探讨共建发展中遇到的困难和瓶颈，从而全面深化推进山区 26 县跨越式高质量发展的有关工作，进一步加快山区 26 县开发区共建发展。时任浙江省商务厅厅长盛秋平在发言中表示，推进山区 26 县跨越式高质量发展，是省委省政府忠实践行"八八战略"、奋力打造"重要窗口"，深入推进山海协作，高质量建设共同富裕示范区的重要决策，是推动解决浙江省区域发展不平衡、不充分问题的重要举措。就目前山区 26 县共建发展推进情况和未来展望，盛秋平表示，一是要聚焦建设高能级平台和开放合作平台，激发先进地区开发区对山区 26 县高质量跨越式发展的带动作用，最大程度发挥开发区"产业主平台、发展主动能"的作用。二是要围绕山区 26 县开发区跨越式高质量发展初步破题工作，重点建立系统性、机制性的 26 县开发区发展总体推动方案，明确落实季度信息发布、评估推广、重大项目推进三大工作机制，持续推进山区 26 县开放平台合作共建工作。三是要坚决贯彻省委省政府决策部署，从数字化改革、"双链长制"推进、绿色园区建设、26 县平台差异化发展和产业生态系统构建等方面入手，全力支持 26 县开发区发展。截至目前，山区 26 县已经实现省级经济开发区全覆盖。具体情况如表 6-2 所示：

表 6-2　浙江省山区 26 县开发区分布情况

| 山区 26 县 | 开发区 | 成立时间 | 山区 26 县 | 开发区 | 成立时间 |
|---|---|---|---|---|---|
| 淳安县 | 浙江淳安经济开发区 | 1992.6 | 龙游县 | 龙游经济开发区 | 2003.2 |
| 永嘉县 | 浙江永嘉经济开发区 | 2019.12 | 三门县 | 三门经济开发区 | 2015.12 |
| 平阳县 | 浙江平阳经济开发区 | 1994.8 | 天台县 | 浙江天台经济开发区 | 2016.8 |
| 苍南县 | 浙江苍南经济开发区 | 2006.3 | 仙居县 | 浙江仙居经济开发区 | 2003 |
| 文成县 | 浙江文成经济开发区 | 2021.12 | 莲都区 | 丽水经济技术开发区 | 1993 |
| 泰顺县 | 浙江泰顺经济开发区 | 2022.1 | 龙泉市 | 浙江龙泉经济技术开发区 | 1996 |
| 武义县 | 浙江武义经济开发区 | 1992.7 | 青田县 | 青田经济开发区 | 1992 |
| 磐安县 | 浙江金磐扶贫经济开发区 | 1995 | 云和县 | 浙江云和工业园区 | 2005.3 |
| 柯城区 | 浙江衢州经济开发区 | 1992 | 庆元县 | 浙江庆元经济开发区 | 2022.1 |
| 衢江区 | 浙江衢江经济开发区 | 1991 | 缙云县 | 浙江省缙云经济开发区 | 2015.12 |
| 江山市 | 浙江江山经济开发区 | 1994.8 | 遂昌县 | 浙江遂昌经济开发区 | 2022.1 |
| 常山县 | 常山经济开发区 | 2002 | 松阳县 | 浙江松阳经济开发区 | 2022.1 |
| 开化县 | 浙江开化经济开发区 | 2001 | 景宁畲族自治县 | 景宁经济开发区 | 1991.10 |

　　2021 年 7 月 20 日，浙江省商务厅、省发改委、省经信厅、省教育厅等十部门联合出台《关于推进山区 26 县开放平台共建发展的指导意见》（以下简称《意见》），将建立开放平台南北帮扶、东西共建的工作机制，

充分发挥开放平台带动引领作用。根据《意见》，到 2025 年，浙江实现山区 26 县开发区达到一系列目标：固定资产投资增速达到全省开发区平均增速；规模以上的工业亩均税收达到 45 万元；规模以上的工业亩均工业增加值达到 130 万元；进出口总额增速达到全省开发区平均增速；实际利用外资稳步增长，为当地经济发展增添新动能。《意见》要求，推动山区 26 县开放平台抢抓全省数字化改革机遇，指导共建园区围绕综合管理、精准招商、安全生产、绿色环保等场景应用打造一体化平台；发挥自贸试验区联动创新区在改革创新方面的引领作用，推动体制机制创新，激发自身活力。此外，浙江将探索产业链"双链长制"，山区 26 县开放平台和先发地区开放平台要实现项目共引、产业共建。《意见》还指出，将支持山区 26 县建设标准化园区，推动"5+X"特色化发展，即"打造一条特色产业链、一个创新研发中心、一个完整的农商互联供应链体系、一个电商产业中心、一条特色街区"。

2022 年 7 月 5 日，浙江省以"两稳一促保发展产业共建奔共富"为主题，举办山区 26 县开放平台产业对接会，探索山区 26 县开放平台共建发展新路径。在对接会现场上，总投资 30.7 亿元的江山经济开发区年产 20 万吨高精密新能源汽车结构件等一批支持山区 26 县发展的项目签约落地，签约总额超 80 亿元，涉及智能制造装备、生物医药、食品饮料等产业。浙江省商务厅党组书记、厅长韩杰表示，高质量发展建设共同富裕示范区是党中央赋予浙江的光荣使命，帮扶山区 26 县提升产业基础、补足要素资源，以全省开放平台共建发展是浙江共同富裕示范区建设的重要抓手和山区 26 县高质量发展的重要通道。针对山区 26 县要素资源缺乏、产业基础薄弱、平台特色不足等短板，浙江省以山海协作为基础，以产业相近、关联为原则，以山区 26 县开放平台共建发展为抓手，持续推动山区 26 县高质量跨越式发展。近一年来的实践探索成效已经初显，全省 26 个县开放平台与 30 个先进开发区签约结对，实现山区县结对全覆盖。例如，江山经济开发区与绍兴柯桥经济技术开发区以市场化、公司化建立双向互飞产业；缙云经济开发区与富阳经济技术开发区结对打造网营物联（缙云）智慧供应链产业园；宁波经济技术开发区将部分优势农业项目转移至云和县。数据显示，2021 年，浙江山区县 18 家开发区固定资产投资增速为 25%，高于全省开发区 14 个百分点；规模以上的工业增加值增速为 35%，高于全省开发区 8 个百分点。

## 二、山区 26 县高质量跨越式发展的经验做法

### （一）招大育强，提升特色产业

培育壮大特色产业集群，完善产业发展布局，做强特色主导产业，提高产业支撑力，推动以产业链构筑人才链，以人才链提升产业链的良性循环。在山区县经济开发区开展 12 个产业链的"链长制"试点，提升产业融合发展；创建"双链长制"试点 6 个，引导先进经济开发区及时共享本地溢出的产业信息，推动项目有效流转。积极搭建招商推介平台，根据产业特色，组织山区 26 县经济开发区参加各类招商对接会、国际性展会 18 场，为产业链精准招商提供支持。同时，加大招商力度，推动省级重大产业项目向山区 26 县开放平台布局。2021 年推动省产业基金 1 亿元入股 26 县经济开发区产业项目。

### （二）数字引领，打造一批数字经济样板

2021 年，16 个县获批全省国家电子商务进农村综合示范县，4 个县获评年度数字生活新服务样板县，8 个县项目被评选认定为数字生活新服务高质量项目。遂昌建设天工之城——数字绿谷发展数字生态产业，成为山区电商产业发展的样板。常山县聚焦数字商贸、数字文旅、数字健康、数字政务四大重点，全力建设数字生活新服务辐射高地，开辟了电商共同富裕新路径。聚焦数字商贸，创造"莲都质量"，丽水莲都从众多县（市、区）中脱颖而出，荣膺"数字生活新服务样板区"。

### （三）精准帮扶，推动平台建设特色化发展

围绕国家电子商务进农村综合示范、农商互联、供应链创新与应用试点、跨境电商产业集群试点、数字生活新服务样板创建，支持经济发达地区建设消费帮扶综合体和特色街区，拓宽山区 26 县农产品销售渠道，帮助山区县建立农产品、土特产销售窗口、电商平台，推动品牌质量提升，

发展新业态新模式，扩大消费帮扶成效。

### （四）大力宣传，推广最佳实践案例

全面宣传，加大优秀实践案例推广力度。梳理总结"开发区＋企业"推动高质量跨越式发展的首批 15 个"最佳实践案例"，通过《浙江商务》平台、《浙江开发区》期刊、"砥砺奋进的浙江开发区"公众号和浙江开发区网站及《浙江日报》等媒体全方面、多角度、线上线下开展宣传。一年来，已陆续报道山区 26 县开放平台共建发展相关信息 400 余篇。

## 三、加快山区 26 县开放平台共建的发展路径

推进山区 26 县开放平台共建发展既是解决区域发展不平衡、不充分问题的重要路径，也是实现山区 26 县跨越式高质量发展的有效举措，更是浙江加快打造"共同富裕先行示范区"的重要抓手。加快山区 26 县开放平台共建要秉持开放合作，共建共享；要遵循因地制宜，绿色发展；要坚持政府引导，市场运作，要有效借助政府"看得见的手"和市场"看不见的手"共同推进各类资源要素和支持政策向山区 26 县开放平台集聚，实现项目共引、产业共建。

### （一）坚持规划引领，优化顶层设计

坚持规划先行，着眼长远发展，从更高起点、更大范围、更长时限进行统筹规划，精心设计。与长三角发展规划、"海洋经济示范区发展规划"和省产业集聚区发展规划，以及当地国民经济和社会发展规划、土地利用总体规划和城市建设总体规划做好衔接。根据山区资源环境特点和产业基础，邀请省级相关部门重点指导园区规划，聘请高水平专业团队担纲编制好区域总体规划、产业规划和专项规划。要按照"高起点规划、高标准建设、高强度投入、高效能管理"的要求，从根源上夯实山区 26 县开放平台共建发展的四梁八柱。

## （二）推动产业迭代升级，建立产业梯度分布体系

改造升级山区传统制造业。围绕做强"一区一业"，重点支持淳安水饮料、仙居医化、云和木玩、龙泉空调电机等一批传统产业发展，推进企业走"专精特新"发展之路，培育一批"隐形冠军""单项冠军"。通过运用工业互联网、物联网等新一代信息技术，加快推动医疗器械、竹木加工、金属新材料等山区传统制造业数字化改造提升。强化区域协同，畅通产业关联，打好"强链、延链、补链"组合拳，支持山区产业链配套提升与产业基础再造，打造一批具有山区特色的标志性产业链。

培育壮大山区新兴产业。依托现有基础，发挥龙头企业示范带动作用，支持山区发展氟硅钴新材料、电子化学材料与电子信息、集成电路、生物医药、生物功能食品、先进医疗器械、运动休闲等新兴产业，培育一批高质量科创主体、高新技术企业。支持企业加大科技投入，实施一批"卡脖子"技术攻关项目，为新兴产业健康发展提供有力支撑。支持衢州市、丽水市实施数字经济五年倍增计划，提升数字经济核心制造业发展水平，做强华东（衢州市）数字经济示范区，打造"四省边际数字经济发展高地"。支持丽水市培育百亿级健康医药产业，打造浙南闽北生物医药产业新高地。

## （三）以"数字化改革"推进体制机制创新，推进整合提升

推动山区26县开放平台抢抓全省数字化改革机遇，借鉴发达地区开发区数字园区建设经验，围绕综合管理、精准招商、产业链协同、安全生产、低碳环保等打造多应用场景高度集成的一体化园区大脑。积极发挥浙江自贸试验区联动创新区在改革方面的引领作用，推动山区26县开放平台体制机制创新，激发园区发展活力。优先支持合作共建成效显著的先进省级经济开发区申报国家级经济技术开发区。引导并支持具备条件的地区申报综合保税区。推动衢州市、丽水市打造"千亿级规模、百亿级税收"高能级战略平台，支持山区省级开发区（园区）共建山海协作"飞地"，做优特色小微企业园，形成山区特色工业平台体系。支持华友锂电材料国际产业合作园、江南药镇、中德智造·曼斯特小镇等平台型项目建设引进。到2025年，山区26县开发区（园区）实现规模以上的工业总产值3000亿元，

亩均税收超过 25 万元；实现"产业飞地""科创飞地"全覆盖，平均项目产业化率达到 30% 以上。

### （四）探索产业链"双链长制"，实现项目共引、产业共建

推动发达地区开发区和山区 26 县开发区共建开放平台、飞地园区。制定产业共建发展规划和招商指引，探索共建产业链"双链长制"试点。推进结对双方围绕共建产业、特色产业开展联合招商和产业链上下游技术、品牌、渠道、市场等资源整合活动。创新央企、省属企业与山区县合作机制，精准对接优质资源，每年定期组织央企、国企、名企走进山区。创新省属企业、知名民营企业与山区结对帮扶机制，推动省属企业与山区 26 县结对全覆盖、百家知名民营企业结对帮扶百个山区乡镇，助推山区产业结构优化、层级提升和规模壮大。支持山区 26 县参加长三角、珠三角等地的推介招商、引资引智活动。到 2025 年，促成 50 家央企到山区 26 县投资，总额达 2000 亿元以上；每年滚动推进山海协作产业项目 300 个左右，实现投资 400 亿以上。

### （五）探索"碳达峰""碳中和"在山区 26 县率先破题、提前布局

遵循绿色发展理念，以洁净水源、洁净空气、适宜气候等自然本底条件，推进山区 26 县开放平台适度发展数字经济、生命健康、电子元器件等环境敏感型产业。坚持依法用地、规范用地、节约用地，根据"宜建则建、宜耕则耕、宜农则农"原则，深度利用存量土地。充分利用地形地貌特点，因地制宜，因势利导，改造利用低丘缓坡资源，不搞一马平川，积极营造错落有致的园区格局。合理设置、适度提高项目准入门槛，加大清理闲置土地力度，鼓励建设多层标准厂房。把提高招商引资质量、优化产业结构与工业用地招拍挂实际运作有机结合起来，利用价格机制调控土地资源，推进节地挖潜。指导山区 26 县开放平台创建绿色低碳产业链"链长制"试点，支持特色生态产业平台建设，打造美丽园区，制定绿色低碳产业专项规划和招商指南。建设标准化园区，推动"5+X"特色化发展。支持山区 26 县开放平台打造一条特色产业链、一个创新研发中心、一个完整的农商互联供应链体系、一个电商产业中心、一条特色街区。支持山区 26 县开放平

台借力发达地区开发区探索引进外资的山区模式，创建国际产业合作园，发展直播电商、社交电商、跨境电商等新业态模式。

### （六）加强区域协同联动，进一步提升对外开放水平

积极承接新一轮国际产业和我国沿海产业转移，注重引进带动作用大、科技含量高、经济效益好、环境污染少的外商投资项目和企业，发挥外资在新技术、新产业上的引领作用。鼓励以数字产业、新能源产业等对环境质量要求较高的企业在有条件的山区 26 县设立地区总部、研发中心、物流中心等功能性机构。坚定执行"山海协作工程"，优化全省布局，推动区域协调发展。深度融入长三角一体化，进一步深化产业链"双链长制"结对机制，加大产业链跨省际、跨区域合作，以更大范围、更宽领域、更深层次的结对合作打造综合竞争力更加强劲的区域产业集群。鼓励 26 县开发区"走出去"，投资建设县域外或境外园区，或开展以产业链为基础的省内外、境外经贸合作，持续提升山区 26 县开发区优质资源要素全球集聚力。

### （七）聚焦基础设施补短板，筑牢山区经济发展基础支撑

将交通基础设施建设滞后作为最大短板，加快打通山区对外通道和完善内部区域交通网，推动构建"铁公水空"一体化交通体系，基本实现"长三角 2 小时，省域 1 小时，市域 1 小时"的畅通目标。适当提高山区铁路等级，构建内通外联的山区铁路网络，加快推进杭温、杭绍台、衢丽、金甬等项目建设，推动甬台温福、杭临绩、杭丽、温武吉等项目前期研究，谋划推进衢黄、金南、丽云等项目。高水平打造高速公路网，加快推进龙丽温景文段、杭金衢拓宽金华至衢州段等建设，开工建设甬台温扩容、杭淳开、义龙（庆）等项目，谋划推进甬金衢上、青文、乐清至青田、合温等项目。推进市域公路网和"四好农村路"建设，重点推进普通国省道待贯通路段建设和低等级路提升，推动有条件建制村通双车道公路。高水平打造内河航运网，推进龙游、衢江、腊口、温溪等港区、作业区和衢江、兰江、瓯江等内河航道建设，推进钱塘江中上游千吨级智慧航道项目，提高海河直达运输能力和效率。推进丽水机场建设和衢州机场迁建项目，谋划布局一

批通用机场，支持有条件的核心景区、"康养600"小镇建设若干直升机起降点，形成空中交通网络。

## 四、加快山区 26 县开发区跨越式高质量发展的进一步思考

### （一）深化对开发区认识

一是要创新发展思路。开发区的发展没有现成的路子可走，没有固定的模式可套。改革开放之初，先行发展的沿海开发区建区之初以土地批租、滚动开发、筑巢引鸟的形式实现了快速启动，取得了巨大的成就。但山区26 县开发区由于土地、人才、环保、区位等要素制约，无法完全照搬沿海开发区的发展模式。在开发区体制机制逐渐弱化，工业土地日益紧张的今天，重复沿海开发区的老路已不适宜，应当大胆解放思想，精细规划，立足更大范围、站在更高起点、着眼更长时限，谋划更好发展，明确开发区（园区）在当地经济发展和转型升级中的目标定位、功能布局、产业方向、政策支持、要素保障。

二是努力开展创品牌、创特色、创优势活动，解决发展质量问题。随着开发区 20 多年来的建设发展，国家级和省级开发区已经在区域经济和社会发展中成为一块含金量较高的重要品牌，一项重要的无形资产，要充分用好这一品牌解决开发区发展质量问题，引导开发区按照省政府和当地政府确定的建区方针又好又快发展。鼓励有条件的山区 26 县开展申报省级、国家级开发区工作，解决发展主体不足问题。

### （二）加快体制机制创新

一是允许开发区管委会行政级别适当高配，解决开发区管理体制弱化问题。开发区发展到今天，已不单纯是经济管理部门，还要承担许多社会管理事务。经济管理职能也涉及发改、经贸、国土、规划、建设、环保、工商、财税等多个部门的协调。适当高配有利于协调各方面的力量支持开发区加快建设和发展。从江苏省和浙江省开发区发展实践情况看，凡是职级适当高配的，行政效率就高，协调力度就大，推进速度就快。建议省级相关部门和山区 26 县党委政府认真研究有利于山区 26 县开发区科学发展

的领导管理体制，赋予开发区必要的经济社会管理权；开发区（园区）管委会主要领导一般应享有本级政府副职权限，以行使管委会统筹发展、协调多方的职能。

二是允许开发区在较大空间范围整合资源，解决开发区辐射带动能力不足的问题。根据开发区未来走势和国内先进开发区实践，开发区不仅有集聚、吸纳资源要素的功能，而且有辐射、带动周边区域经济发展的功能。目前，国内和浙江省发展较快较好的开发区，总体规划和授权托管范围都在几十甚至上百平方公里。鉴于山区26县开发区往往面积偏小、不足以支撑实际发展需求的现实情况，当地政府应通过行政授权托管方式，允许开发区在较大范围内进行资源整合、规划建设、功能布局和产业配置，有利于加快形成以开发区为核心、以母城为依托、以产业为支撑、以城乡一体化为目标的新经济区。

### （三）加大政策扶持力度

一是加大对山区26县开发区财政支持力度，解决开发区建设资金短缺问题。首先，土地出让金返还。政府每年在开发区拿出一定量的商贸用地进行招、拍、挂，开发区土地出让的所有资金除上缴上级政府外的部分全额或大部分返还给开发区，做到"取之开发区、用之开发区"。其次，财政贴息。政府每年划出专项资金，用于对开发区建设融资贴息。最后，对开发区进行财政分成，对开发区当年财政收入超过预算基数的部分全额或者大部分返还。

二是加强对山区26县开发区人才组织保障，解决开发区行政力量薄弱问题。首先，将社会事务在开发区内部配备专门机构和人员编制进行管理，减轻开发区承担社会事务的压力。其次，继续坚持以证明行之有效的"封闭式管理、一站式服务"管理模式，切实提高行政效率。最后，提升智力引进水平，强化科技保障。指导开发区在引进项目的同时引进一批经营管理、科技研发的人才团队，与大专院校、科研院所建立合作关系，培育一批高新技术孵化企业。

三是加快山区26县开发区设施建设，解决开发区投资环境问题。首先，土地指标安排上优先保障，保障开发区项目落地。其次，设施配套优先。

当地城市管线管网和污水处理等设施尽量与开发区共享,进一步为开发区建设节省成本。开发区重点道路、桥梁等基础设施纳入当地基础设施建设计划,由当地政府职能部门予以全部或部分承担建设,缓解开发区建设压力。

## (四)完善考核激励机制

完善开发区综合考评和导向激励机制,解决开发区发展内生动力问题。首先,要突出开发区经济和社会发展的特点,反映今后发展趋势和发展重点,使指标的评价对开发区改善投资环境具有较强的指导意义。其次,制定科学的指标体系,运用科学的数学模型,数据真实、可靠,符合公平、公正原则。最后,以定量指标为主、定性指标为辅;既要作总体评价又要作分类评价,既要计算综合指数又要计算分类指数,既要评价发展现状又要逐步增加发展速度评价。

## (五)实施山海协作与区域联动

一是进一步深化山海协作认识。学会解放思想,运用"包容性发展"的理念指导浙江省的"山海协作"工作和山区26县开发区的发展。二是进一步加大经济合作力度。结对开发区要发挥自身优势,增强开发区的集聚力和辐射带动力,充分利用山海协作工程这一载体,继续以项目为中心,以产业梯度转移为主线,按照优势互补、合作共赢的原则,深化合作机制,拓宽合作领域,搭建合作平台,实现合作共赢。三是进一步完善结对合作机制。山区26县开发区要充分利用自身丰富的人力资源和自然资源,向沿海开发区输出劳动力和自然资源,搞好"山海协作"项目库及"山海协作"工程信息平台建设,为承接发达地区开发区的产业转移做好准备,真正变"输血为造血",增强自主发展能力。四是进一步探索创新合作模式。我省开发区探索跨区域共建产业合作园区,虽然不及江苏规模大、数量多,但在全国也算起步较早、成效较好的省份。金磐扶贫经济开发区就是省内发达地区开发区与山区26县开发区实行异地合作开发比较成功的范例。

### （六）加强干部培养

　　坚持以人为本的成事之基，做好干部培养工作，解决开发区发展人才质量问题。山区 26 县开发区在区位上、产业上、资源上均也没有优势，欲赶超沿海开发区，必须依靠自身干部培养。山区 26 县开发区应借鉴省内先进经验，把人的因素、人的作用、人的潜力发挥到极致，把培养干部、锻炼干部作为推进各项事业发展的基石。已长兴经济技术开发区为例，作为浙江省唯一一个设在县域的国家级经济技术开发区，长兴开发区提出，长兴财政再紧，也要舍得花钱送干部出国深造，虽然培训一个干部要 10 万元，也比因干部决策失误糟蹋掉好。10 年来长兴开发区通过驻北京办事处，先后输送了 100 多位干部到国家各部委锻炼，极大地提高了挂职干部的宏观思维意识、把握大局观念和观察分析能力，也为长兴的发展积累了人才资源和人脉资源。长兴多年来坚持把优秀的预提干部派到外省，在招商引资的一线摔打锻炼干部，以招商引资的实绩考察识别干部。目前长兴中层以上的领导干部有不少都从事过招商工作。这些干部走上领导岗位后，能够从当年招商员的亲身经历中，感悟出投资者最需要什么，从而能够设身处地为投资者打造一个便捷高效、心情舒畅的投资软环境。

## 六、山区 26 县开发区跨越式发展的典型案例

　　山区县，如何找准突破口实现工业高质量"攀登"？这是各个山区县的工作重点，也是难点。作为全省山区 26 县之一的永嘉，聚焦"扩增量、优存量、提变量"3 个关键突破口，着力"强基础、补短板、破瓶颈"，加速推进传统产业转型升级和新兴产业培育升级。

### 案例一：永嘉开发区勇攀工业高质量发展新高地

　　2021 年，永嘉全县规模以上的工业亩均增加值、亩均税收分别居山区 26 县第一、第二，"两化"融合指数列全省第一梯队，经济发展潜力进入全省 30 强。永嘉连续 5 年在全省山区 26 县发展考核中被评为优秀。

永嘉引以为傲的并非只有诗画山水，拥有"中国泵阀之乡"称号的永嘉，入选国家外贸转型升级基地、成为全省产业集群新智造试点。作为全省山区县唯一超 300 亿元的制造业集群，这里的泵阀产业在全国都有着举足轻重的地位。然而，面对成绩，永嘉看到更多的是发展背后的危机。

当前，国内泵阀业"群雄并起"。面临这样的宏观局势，如何破题？培育龙头链主企业、构建产业链共同体，成为永嘉的突破口。抓好项目招引建链、强化科技创新优链、推进增资扩产补链，永嘉把"强链、补链"做深做细，成为撬动行业发展的硬招实招。通过分行业制定产业链全景图、招商图，针对 500 强企业、头部链主企业开展上门招商，2021年国内泵业排名前 10 的上海东方、上海连成、广州白云等密集落地永嘉；加快兰州理工大学温州泵阀研究院等平台提升，推动国家阀门质检中心与央企中检集团合作，带动规上工业企业研发费用占主营收入比重达到3.66%、居全省山区县第一；推进增资扩产补链，永嘉落地本地企业增资扩产项目 50 多个，补齐提升工业设计、高端锻铸造等断链缺链节点。

"强链、补链"，激活了泵阀产业发展一江春水，超达阀门有限公司质量部经理卢守君对此感同身受。在 2020 年中石化举行的一场集中采购招标会上，包括超达在内的永嘉 12 家企业集体中标，获得 10 亿多元订单。而在这背后，离不开永嘉国家阀门质检中心专门组建帮扶小组的补短板。帮扶小组持续一个多月加班加点，帮助企业按照中石油型式试验要求设计产品结构，及时提供型式试验和跟踪服务，为顺利牵手中石化扫清了技术障碍。

"强链、补链"改变的并非只有泵阀产业。装修、布置、入驻……连日来中国教玩具国际城正在做开门迎客的最后准备。教玩具是永嘉另一大支柱产业，已连续 10 多年保持增长，作为该县教玩具企业集聚地，桥下镇有着 1000 多家教玩具生产企业。随着教玩具产业规模极速扩张，从研发、生产到电商物流等都迫切需要一座集产品展示交易、会展中心、电子商务、金融服务、培训教育等功能于一体的综合型教玩具展贸中心。

永嘉因地制宜、因企施策，加快推进中小微企业"专业化、精品化、特色化、创新型"发展，努力实现中小微企业在质量和效益方面新的突破。永嘉县先后主持制定行业标准 1 项，参与制定国家标准 4 项、行业标准

10 项，现有 145 项国家专利产品、3 项国家火炬计划项目、2 个国家创新基金项目、1 项省首台套产品。其中，高温浓硫酸液下泵、耐海水蝶阀、1200℃高温调控阀等高端泵阀设备和流程装备，在国内外市场占有率高达 32%，填补了国内技术空白，达到了世界先进水平。这是永嘉宣达实业集团交出的成绩单，这家并不很出名的企业，在自己细分的领域内却是领跑者。

目前，永嘉已累计培育省"隐形冠军"企业 9 家、国家级专精特新"小巨人" 7 家，数量均居山区 26 县中的第一位，其中"隐形冠军"企业数量已居全省所有县（市、区）第二位。

既帮中小企业做成"大"文章，更帮中小企业"跑"起来。永嘉突出动能培育，深入推进数字变革赋能，大力推进数字经济 5 年倍增行动，引领制造业质量变革、效率变革、动力变革。在不断推动企业从"制造"走向"智造"的过程中，凯泉集团将落后设备全部淘汰，斥资 1 亿元购置新设备，并建成 PDM、ERP、MES 等智能化系统，实现研发、计划、生产、物流、服务的全过程闭环管理和业务协作。企业原有员工 300 多人，如今精简至 170 多人，运营成本降低 30%，生产周期缩短 40%，产能实现翻番。

"链长制"实施两年多，其应对中美贸易摩擦、疫情影响的产业链稳定性的作用，得到充分释放。浙江深入实施"链长制"，努力探索更多新举措。

其中，开发区之间的协同发展已经成效初现：2021 年 6 月 11 日，浙江省举行山区 26 县开放平台共建发展对接会，11 对先进地区开发区和山区 26 县开放平台代表共同签署合作意向书，一批支持山区 26 县发展的项目签约落地。

越来越多山区县开发区匹配到了"最佳拍档"。丽水经济技术开发区化工行业的绿色发展方向和宁波石化经济开发区的绿色石化产业链互为上下游；松阳开发区主导产业是智能装备制造和精密制造，恰恰和嘉兴经济技术开发区主导产业之一的高端装备制造产业相近；天台经济开发区的特色产业是"大车配"，而湖州经济技术开发区则集聚了一批新能源车龙头企业，两者合作，能够延长产业链。

对于这种结对，不仅山区 26 县积极响应，发达地区开发区也同样主动参与。在"顶流"开发区与山区 26 县开放平台结对的基础上，浙江正启动探索"双链长制"。所谓"双链长制"，就是让发达地区的开发区与山区 26 县链长对彼此的产业链发展通盘考虑，一同谋划推进。过去的结对，是"山海协作工程"下区县之间的全面合作，两地开发区之间尚未形成精准对接机制，这次是在深化山海协作机制的基础上进行新的探索。

绿色发展，是接下来浙江深化"链长制"的另一方向。杭州湾上虞经济技术开发区率先在开发区内推行新材料"链长制"；平湖经济技术开发区迭代升级欧洲（德国）产业合作园，加速发展新能源汽车产业链；海盐开发区的氢能源燃料电池动力系统项目，创新"氢的应用"和"人的需求"互联，延伸绿色发展产业链。

数字经济是转型发展的"关键增量"。日前，遂昌经济开发区作为山区 26 县新设的 5 个省级经开区获批。在开发区筹备阶段，遂昌县瞄准了"产业数字化、数字产业化"这条主线，积极拓宽以数字经济为核心的生态产业之路——早在 2020 年 7 月，遂昌和阿里云计算有限公司签署合作协议；2021 年 3 月，遂昌网易联合创新中心启动。如今，当地已建成产业创新服务综合体、创新企业孵化器、众创空间等一批省级科创平台。

守护好绿水青山的底色，是山区 26 县发展产业的前提。"双链长制"、绿色低碳发展等新探索，或将成为浙江开发区产业链高质量发展的新动能，为全国提供更多"浙江经验"。

## 案例二：青田聚力打造产业创新引领县

作为山区 26 县之一的青田，近年来，在缩小地区差距、促进共同富裕上进行大量探索，逐步形成了一套符合当地实际的产业发展道路。其中，最关键的一招就是聚焦生态工业第一经济。2020 年 12 月，县党代会明确提出，要将青田打造成为"生态工业、专精特新"的产业创新引领县，坚定不移走"专精特新"发展道路成为青田今后五年工业发展的主线。

但随着城镇化进程加快，作为九山半水半分田的青田，可用于工业发展的空间十分有限，要素不足逐渐成为制约青田生态工业发展的主要因素。"平台胜则工业胜，破解空间要素制约，是'十四五'时期青田工业跨越式发展的基础工程和首要任务。"青田经济开发区管委会总工程师季永勇说，青田正积极推进向山地、向低效、向高层、向技改、向飞地"五要空间"工作。

山多地少，就要开山造地。2021年，青田积极谋划"万亩千亿"产业平台，完成了腊口乌坦山、船寮白岸、祯埠小河坑等8个"军令状"地块征迁，新拓展的2167亩工业用地有效缓解了空间制约。

空间要素得到保障带来了重大产业项目成功招引。2021年，是青田招商引资工作高歌猛进的一年，当地成功引进爱玛科技集团股份有限公司。据了解，未来2年，爱玛科技还将组团固泰动力、洪记智能、无量科技等一批新能源企业，在腊口镇乌坦山打造1500亩新能源智慧出行产业生态园，并在5年内建成5000亩新能源智慧出行生态产业新城，形成年产300万辆的新能源智慧出行产业链。

既要筑巢引凤，更要固巢养凤。2020年，青田还重点加强企业创新方面的培育工作，牵头解决企业问题98个，解决率达91%。2020年，青田新增亿元企业12家、规模以上的企业28家、高新技术企业12家，浙江三辰电器股份有限公司还成功入围工信部专精特新"小巨人"企业。此外，青田还设立百个"双招双引"全球联盟工作站，搭建杭州未来科技城"科创飞楼"平台，引进各类人才约3500人，一系列举措都为建设"生态工业、专精特新"的产业创新引领县注入了强大动力。

下一步，青田将坚持数字赋能产业变革，以"产业大脑＋未来工厂＋数字车间"为核心，扎实开展"雄鹰""凤凰""雏鹰"行动，培育专精特新、隐形冠军、单项冠军和链主型企业，打造高能级产业平台、提升高层次产业水平、构建高质量产业集群，努力实现规模以上的工业产值、工业总产值翻番。

## 案例三：武义经济开发区争当共同富裕示范样板

作为山区26县之一的武义，要想实现跨越式高质量发展、提升区域造血能力，产业支撑是关键。2021年以来，开发区深化平台建设、加快数字转型、推进整治提升和优化服务水平助推企业高质量发展，实现制造业投资稳中有升。

2021年，武义经济开发区规模以上的工业总产值实现475.01亿元，同比增长25.8%；完成固定资产投资17.7亿元，同比增长39.3%，其中工业投资14.88亿元，同比增长46.5%；制造业投资额达14.52亿元，同比增长56.4%。

一是以招大引强推动"延链、补链"。严格执行工业项目用地全生命周期管理办法，严把工业用地项目准入关，明确亩均产值、亩均税收、亩均增加值、能耗等关键指标门槛，从产业类别、税收贡献等多角度筛选优质项目，如与浙江启兆控股有限公司签约高聚光纤产业项目，为武义成为中国高聚光纤产业中心成功迈出了第一步，向打造百亿级新材料产业集群目标加速跃进。针对武义长期存在五金产业链条过短、关键环节不足等问题，以"强链、补链、固链"为突破口，发挥"永武缙"五金产业集群优势，开展上下游产业链招商，实现"补链、强群"，成功引进三谷公司年产100万台套大功率无刷电机智能生产线项目，填补武义县跑步机行业无刷电机空白。

二是以平台建设推动"破散促聚"。高标准、高质量谋划建设特色生态产业平台，重点引进以新材料、装备制造、智能制造为主的特色制造业。围绕中药材、食用菌、茶叶等本地特色产业，谋划建设健康产业平台，推动产业集聚。通过与海宁开发区结对合作共建，进一步推动武义、海宁两地产业融合发展和光伏合作，推动以高聚光纤为链主的5G光电产业园建设，形成优势互补、高质量发展的区域经济布局，促进资源要素合理流动和高效集聚。

三是以数字转型推动"能级提升"。搭建智造公共服务平台，与上海第二工业大学共建智能制造研究院，为制造业企业提供智能化改造咨询诊断服务。实施传统制造业改造提升2.0版，积极宣传企业智能化改造相关工业政策，分行业培育智造标杆示范项目，开展数字化车间、智能工厂、未来工厂试点建设，目前已培育省级数字化车间 3 个（沪江、圣雪、双力杯业）。2021 年开发区数字经济核心产业制造业产值 18.55亿元，同比增长 34.1%；完成技改投资额 13.16 亿元，同比增长 80.7%；技改投资额占工业投资额的 88.4%。

四是以整治提升推动"蝶变升级"。依托低效工业用地整治三年行动，开发区将亩均税收 5 万元以下企业列入整治范围，将连续两年以上综合评价为 D 类的工业企业列为重点整治对象，建立"一企一档""一企一策"，实施清单化推进。2021 年，完成亩均 5 万元以下企业整治 163 家，盘活低效用地 944 亩，消化批而未供土地 548 亩。其中，利用整治低效用地腾出的空间引进嘉益保温科技公司，推动了该企业在创业板的上市。同时，加快配套产业园、小微企业园建设，推动成长型小微企业入园集聚，形成产业集群，目前已有 1 家小微企业园（冠威）已通过省级认定。

未来，武义经济开发区将继续秉着"做大做好经济'蛋糕'，夯实共富基础"的理念，多措并举推进经济高质量发展，在工业经济发展上稳步走在山区 26 县前列。

# 后记

笔者在浙江省商务研究院从事开发区研究工作已有多年，亲身经历了浙江开发区发展的多个阶段，见证了开发区整合提升、国际产业合作园创建、美丽园区建设、产业链"链长制"做大做强、"双链长制"起步探索的过程。在这些丰富的实践基础上，笔者撰写了系列研究文章，但这些成果尚未形成系统性的研究体系。而有关开发区建设理论研究的书籍较为有限，本着为浙江开发区建设提供有益参考的初衷，笔者系统梳理、综合集成多年的课题研究和项目成果，全面总结分析浙江开发区发展的内在机理，编写了《浙江省开发区建设理论与实践探索》一书。

浙江省商务厅党组高度重视理论研究工作。在此，特别感谢浙江省商务厅领导对本书出版给予的关心与支持，没有他们的鼎力支持，本书可能难以顺利出版。感谢浙江省商务厅开发区处、外资处等处室对本书的专业指导。

本书是开发区领域的著作，感谢浙江省开发区的无数工作者，特别是海盐开发区、丽水开发区、金华开发区、绍兴开发区，他们的工作成效为本书提供了鲜活素材和创作源泉。书稿的写作吸收了不少开发区领域专家的思想观点，例如，浙江省商务厅一级调研员梁志良、宁波经济技术开发区管委会原副主任王一鸣等。

我们尤其感谢浙江省商务研究院院长陈芳芳的大力支持。她曾长期从事开发区相关工作，对开发区发展建设颇有见地，为本书提出了许多建设性的建议，并在百忙之中为本书作序推荐。同时，感谢国际投资研究中心的余静、蔡洁、宗其霖，他们也对本书的完善提供了许多宝贵的意见建议。

感谢浙江理工大学硕士研究生张嘉晖和邵胜南、浙江工业大学硕士研究生陈浩对本书的贡献。

　　最后，本书引用了一些学者的研究成果，均在书中标注了来源，在此一并诚致谢忱。由于时间仓促和能力所限，本书还存在一些不足，期望在后续相关研究中予以进一步探讨。同时，恳请有关专家、读者批评指正。

江玮　孙彩虹

于浙江省商务研究院